Fischer TaschenBibliothek

W0192538

New-York-Expertin Juliane Pieper verrät Kurioses, Unge-
wöhnliches und Besonderes über die Stadt, über die die
meisten Lieder geschrieben wurden, in der die größten
Stars wohnen und in der es vollkommen unmöglich ist,
sich auch nur eine Minute zu langweilen.

Juliane Pieper hat sich drei Jahre lang in New York um-
gesehen. Heute lebt sie als Autorin und Illustratorin mit
Mann und Kind in Berlin.

Weitere Informationen finden Sie auf www.fischerverlage.de

Juliane Pieper

NEW YORK

FÜR DIE HOSENTASCHE

Was Reiseführer verschweigen

FISCHER TaschenBibliothek

Originalausgabe

Erschienen bei FISCHER Taschenbuch
Frankfurt am Main, November 2016

© 2016 S. Fischer Verlag GmbH,
Hedderichstr. 114, D-60596 Frankfurt am Main

Die Veröffentlichung dieses Werkes erfolgt auf Vermittlung von
BookaBook, der Literarischen Agentur Elmar Klupsch, Stuttgart.

Umschlaggestaltung: Geviert, Grafik & Typografie, München
Umschlagabbildung: Juliane Pieper
Abbildungen Innenteil: Juliane Pieper
Satz: Dörlemann Satz, Lemförde
Druck und Bindung: Kösel, Altusried-Krugzell
Printed in Germany
ISBN 978-3-596-52082-4

Inhalt

Drei Jahre habe ich in New York gelebt. Erst folgte ich meiner eigenen Lust auf diese unglaubliche Stadt, in der man als Illustratorin so viel lernen kann, später erhielt ich glücklicherweise ein Fulbright-Stipendium für die New Yorker Kunsthochschule »Fashion Institute of Technology«. Das deckte die hohen amerikanischen Studiengebühren zumindest teilweise ab. Alles Weitere verdiente ich mir neben dem Studium als Freiberuflerin dazu. Das war gar nicht so leicht. Dafür war ich in New York.

New York ist auch eine Stadt des Geldes, kein Wunder, denn die Stadt zieht es einem ständig aus der Tasche. Dafür bekam ich auch andauernd etwas geboten: Ich habe gesehen, wie Hunde Gassi getragen  werden, wie jede Frau zur Maniküre geht und sicher jeder zweite Mann – und jede dritte Katze. Ich habe überdurchschnittlich viele Artikel über den überdurchschnittlich hohen Frauenüberschuss in dieser Stadt gelesen, habe erlebt, dass hier alle mehrere Eisen im Feuer bzw. Typen an der Hand haben, und meine Schlüsse daraus gezogen, wieso es so viele »Cheap Divorce! Call XXX!«-Werbeschilder gibt. Über die Willkür der U-Bahn-Fahrtzeiten außerhalb von Manhattan habe ich mich gewundert, die Renaissance des Einweckens und Einlegens durfte ich live in Brooklyn miterleben. Dazu genoss ich eingelegte Gürkchen aus dem Biomarkt für zehn Dollar und habe nicht nur einmal auf der Promenade von Brighton Beach zur Mittagszeit ausgelassen neben Hippies und Omis getanzt und »Brooklyn Lager« und »Sierra Nevada Pale Ale« getrunken (aber niemals »Bud Light«!).

Vor allem aber habe ich unzählige Menschen getroffen, die nirgendwo lieber wären als in New York.

Verrückt ist normal

Man kann in New York ein ganz normales Leben führen – wenn man verrückt ist.

Nicht viel Geld zu haben macht das Leben dort manchmal schwer, nicht reich zu sein ist auch schon  ein Nachteil. In New York leben Vierzigjährige noch in WGs. Die sind oft sehr schick eingerichtet, ein Zimmer kostet so viel wie in Berlin eine ganze Wohnung, aber nicht jeder läuft auf dem Weg nach Hause gern an verwaisten Autowerkstätten und Brachflächen vorbei.

Die U-Bahn ist nachts und frühmorgens voller schlafender Menschen, darunter viele Einwanderer: Mexikaner, Dominikaner, Inder, Vietnamesen, die auf dem Hinweg zu oder dem Heimweg von ihren Zwölf-Stunden-Schichten sind, in denen sie umgerechnet drei Euro die Stunde verdienen. Viele Leute können sich keine Krankenversicherung leisten, deswegen haben in New York viele Leute schiefe Zähne oder gar keine. Und statt Ergotherapie gibt es einen Gehstock. In New York gibt es alles: Gutes wie Schlechtes, sehr Schönes und sehr Trauriges. Nirgendwo sonst habe ich so eine Vielfalt an Menschen erlebt: so viele Herkunftsländer, Religionen, Weltanschauungen! Reiche, Künstler, Touristen, Studenten, Senioren … Das macht das Leben in New York bunt und inspirierend, nicht selten ist es für Besucher wie Bewohner auch anstrengend. Das gehört in New York dazu: Es ist fordernd, dafür nie langweilig.

Ein Mann, der mir auf der Straße wegen meiner etwas zu lang geratenen Nase ein »I LOVE YOUR NOSE!« zuruft, ist mir woanders noch nie begegnet. In New York wird das Anderssein nicht beäugt, sondern zelebriert. Und es gibt viele Anlässe dafür: Hier sammeln sich die aufregendsten Menschen der

Welt, die alle gemeinsam haben, dass sie ein kleines bisschen besonders sind: besonders klug, besonders lustig, besonders hübsch, besonders liebenswürdig – nicht selten auch besonders durchgeknallt.

Nervenraubend

New York ist hin und wieder auch so, wie man es sich vorstellt und aus den Filmen und Krimiserien kennt. Ab und zu ist eine dieser gelben Plastikabsperrungen dabei, hinter der das Opfer (hoffentlich) mit einem weißen Tuch abgedeckt ist.

Aber nur in den Krimiserien leben die einsamen Kommissare in dunklen Wohnungen mit verschlossenen Jalousien, durch die die blinkende Leuchtreklame der Oben-Ohne-Bar gegenüber durchscheint und das Rattern und Quietschen der U-Bahn zu hören ist. Ich habe nie in solchen Wohnungen gelebt. Vielleicht weil Giuliani die Oben-Ohne-Bars verboten hat?

Der ehemalige Bürgermeister von New York hat auch das spontane Tanzen in Kneipen verboten. Und sein Nachfolger Bloomberg das Salz im Essen. Big Brother in der Großen Freiheit. Die New Yorker tanzen einfach spontan auf der Straße, zum Beispiel zur großartigen Straßenmusik, die an U-Bahnhöfen wie am Times Square geboten wird.

Manchmal treibt einen die Stadt auch in den Wahnsinn, wegen der überschwemmten Straßen, wenn man auf der Post nach zwei Stunden Warten unfreundlich abserviert wird, es einem in der U-Bahn-Station auf den Kopf tropft, während der Zug einfach nicht kommt. New York kann ganz schön oll sein. Und diese Aussage steht bisher in wirklich keinem Reiseführer, meine Damen und Herren. (Vielleicht, das muss ich gestehen, weil sehr viel häufiger dieses »oll« ein paar Meter weiter wieder mit einem zusätzlichen »T« am Anfang versehen werden kann.)

Furchtbar »awesome«

Die Stadt ist ein Mythos. Und sie ist so groß, dass man dort jederzeit neue Schätze entdecken kann. Im Dorf kennt jeder alles, in New York aber werden immer neue Geheimtipps aufgespürt:  wo es zum Beispiel die beste Pizza gibt, den besten Burger, die tollste Wurst, die knackigste Kunst. Aber auch die miesesten Bagels, das ödeste Musical, das bescheuertste Theaterstück. New Yorker, selbst die nettesten, haben eine spitze Zunge. Dafür mag ich sie besonders: Man findet kaum einen bissigeren Humor auf der Welt.

New Yorker haben zu allem eine Meinung. Wenn sie etwas mögen, finden sie es richtig, richtig großartig: »Great!«, »Awesome!«, »Amazing!«, »Hilarious!« Das Ausrufezeichen ist des New Yorkers liebstes Satzzeichen.

Ein Freund auf Besuch zeigte einmal auf ein Schild mit der Aufschrift »Best Burger in the World!« und schaute mich erwartungsvoll an. »Das ist nur ein Schild, Mark«, antwortete ich ihm. Genau genommen gibt es in den USA nur Schilder zu kaufen, die »best of«, »world-famous«, »mega super« in Kombination mit »in the world«, »in the universe« oder »in the galaxy« enthalten. Understatement ist ein britisches Wort, kein amerikanisches.

In New York kann auch ein Neuankömmling Experte werden. Man muss nur eine Gegend wählen, in der sonst keiner aus der Peergroup wohnt. Allerdings kann es sein, dass man dann nie Besuch bekommt. Vielleicht auch wegen der Kriminalstatistik der zwielichtigen Nachbarschaft. Wobei auch das mittlerweile kaum noch stimmt: New York ist heute selbst in ehemals schwierigen Gegenden freundlich und sicher geworden.

Man muss New York nicht immer lieben – aber ich kenne wirklich niemanden, der sich nicht gleich beim ersten Besuch heftig in die aufregendste Stadt der Welt verknallt hat.

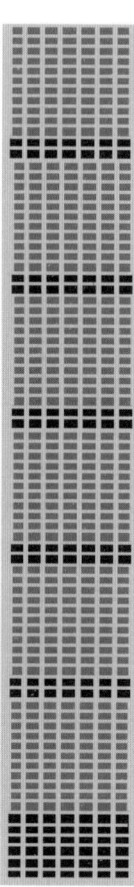

Park Avenue 432

Der 2016 eröffnete Wolkenkratzer
mit der Adresse 432 Park Avenue
ist das dünnste und höchste
Hochhaus New Yorks. Für
17,4 Millionen Dollar können Sie
darin zum Beispiel eine Zwei-
zimmerwohnung im 42. Stock
erwerben.

Stadt

Geographisches Grundwissen

New York City besteht aus fünf Stadtteilen: Manhattan, die Bronx, Queens, Brooklyn und Staten Island. Mit 7 % der Gesamtfläche (= 59 km^2) ist Manhattan der kleinste Stadtteil von New York. In ihm leben rund 20 % der Einwohner. Rund 14 % der Bodenfläche sind Parkanlagen, ein großer Teil davon ist mit 2 km^2 der Central Park.

New York ist Namensgeber des Staates New York. Dessen Hauptstadt, Albany, liegt 251 Kilometer nördlich.

New York liegt auf demselben Breitengrad wie Neapel. Die exakte geographische Lage ist 40° 42' nördlicher Breite und 74° westlicher Länge.

Mit Ausnahme der Bronx liegen alle New Yorker Stadtteile auf Inseln. Die Bodenfläche der fünf Stadtteile beträgt zusammen rund 785 km^2.

New Yorks Küste ist 930 km lang. Die Stadt wird von zwei Buchten des Atlantischen Ozeans (Lower Bay an der Südküste von Long Island und Upper Bay an der Südspitze von Manhattan) sowie vom Hudson River und dem East River umschlossen.

Rund 23 km der 930 km Küste sind Strand. An manche Strände gelangt man sogar mit der U-Bahn. Da der Meeresgrund vor New York steil abfällt bei gleichzeitig geschützter Lage, entstand vor Manhattan einer der größten Häfen der Welt.

Der Boden der Insel besteht aus sogenanntem Manhattan-Schiefer und Inwood-Dolomit, die das Gewicht der Wolkenkratzer glücklicherweise gut aushalten. Da kaum Platz für die wachsende Stadt vorhanden war, musste nach oben gebaut werden. Man stelle sich vor, Manhattan wäre eine Sandinsel – das New York, das wir kennen, gäbe es nicht. Dafür viele schöne Bungalows.

Bemerkenswerte Wolkenkratzer

In den beiden King-Kong-Filmen aus den Jahren 1933 und 2005 klettert King Kong an die Spitze des Empire State Buildings, bevor er tragisch in den Tod fällt. In der Version von 1976 steigt er in den Südturm des World Trade Centers und springt in den Nordturm. Das Chrysler Building und das Flatiron Building sind bisher von einem überdimensionierten Affen verschont geblieben.

Chrysler Building

- Eines der schönsten Gebäude der Welt im Art-Déco-Stil, das 1930 mit 319 Metern noch das höchste Gebäude der Welt war, aber kurz darauf vom Empire State Building geschlagen wurde. Inzwischen ist es nur noch das fünfthöchste Gebäude New Yorks.
- Als Firmensitz und Symbol für das Autowerk Chrysler wurde die Fassade aus rostfreiem, in der Sonne glänzendem Autostahl gefertigt.
- Einige Mauervorsprünge sind mit stilisierten Autos und wasserspuckenden Kühlerfiguren verziert. Im Erdgeschoss findet sich verschwenderischer Marmor und ein Deckengemälde, das die vermeintlichen Errungenschaften des Industriezeitalters darstellt. Ansonsten (leider nur) ein Bürogebäude.
- Architekt: William van Alen. Dessen Rechnung wurde von Herrn Chrysler leider nie bezahlt.
- Das Chrysler-Gebäude ist das weltweit höchste Backsteingebäude und besteht aus 3 826 000 Steinen.

- Es war das erste Gebäude der Welt, das höher war als 1 000 Fuß (ca. 305 Meter).
- Das Chrysler Building verfügt über 32 Aufzüge und 77 Stockwerke.

Empire State Building

- Das Empire State Building verfügt über 103 Stockwerke und ist auf Dachhöhe 381 Meter hoch. Rechnet man den Antennenturm dazu, kommt man sogar auf 443,2 Meter.
- Es wurde von William Lamb entworfen.
- Rund 3 400 Arbeiter waren am Bau beteiligt, fünf Arbeiter starben.
- Der Bau dauerte nur 410 Tage.
- Das Gebäude wurde offiziell am 1. Mai 1931 eröffnet.
- Zwischen 1931 und 1972 war das Empire State Building das höchste Gebäude der Welt.
- Es gibt 6 514 Fenster im Empire State Building.
- Von der Straße bis zur 103. Etage muss man 1 872 Schritte machen. Jedes Jahr findet ein Rennen auf der Treppe bis zum 86. Stock statt, die Athleten erklimmen insgesamt 1 576 Stufen. 2014 gewann der Norweger Thorbjørn Ludvigsen den Lauf, er brauchte zehn Minuten und sechs Sekunden.
- Es gibt 73 Aufzüge, darunter sechs Lastenaufzüge.

- Weil so viele Unternehmen in dem Wolkenkratzer untergebracht sind, hat das Empire State Building seine eigene Postleitzahl, die 10118.
- Der Bau kostete 24 718 000 Dollar, zusammen mit den Grundstückskosten kommt man auf 40 948 900 Dollar. Dieser Preis entsprach – aufgrund der Weltwirtschaftskrise – weniger als der Hälfte der gesamten vorausgesehenen Kosten. Wäre es doch nur dem Berliner Flughafen BER und der Hamburger Oper auch so ergangen.
- In den Blitzableiter in der Nähe der Spitze schlägt rund 23-mal pro Jahr ein Blitz ein.
- Es befinden sich Aussichtsplattformen auf der 86. und 102. Etage. Diese werden von rund vier Millionen Menschen jährlich besucht.
- Am 28. Juli 1945 stürzte ein Army Air Corps B-25 in den 79. Stock.
- Das Empire State Building wurde nach der Zerstörung des World Trade Centers im Jahr 2001 wieder das höchste Gebäude in New York City. Seit April 2012 übertrifft das neue One World Trade Center mit einer Höhe von 541,3 Metern das Empire State Building in der Höhe.

Flatiron Building

- Zu Anfang gab es viel Kritik an diesem wunderschönen Hochhaus. Das Architektur-Fachblatt »Architectural Record« fand das Gebäude wunderlich und kritisierte ausgerechnet die vielen Fenster. »The New York Times« nannte es eine Monstrosität, »The New York Tribune« beschrieb es als »stacheliges Stück Kuchen« und das »Municipal Journal & Public Works« nannte es »New Yorks letzten Freak in Form eines Wolkenkratzers«. Am stärksten teilte die »Municipal Art Society« aus: Das Gebäude sei »untauglich, um im Zentrum der Stadt zu stehen«. Heute gilt es als einer der schönsten Wolkenkratzer der Welt und wird von New Yorkern und Touristen gleichermaßen geliebt.
- Die Architektur des dünnen, aber hohen, dreieckigen Gebäudes und die Stahlkonstruktion waren beim Bau so ungewohnt und neuartig, dass viele befürchteten, dass das Gebäude nicht stabil genug sein würde und umfallen könnte.
- Die Original-Aufzüge waren hydraulisch, wurden also mit Wasser betrieben. Leider waren sie auch sehr langsam und ruckelten. 1998 kam es zu einem Funktionsfehler, der dazu führte, dass einige Besucher im Aufzug nass wurden.

- Es gab ursprünglich keine Damentoiletten.
- Das 21. Stockwerk wurde erst drei Jahre später als der Rest des Gebäudes fertiggestellt. Deswegen muss man bis heute im 20. Stock den Fahrstuhl wechseln, um nach ganz oben zu gelangen.

Müll in New York

Es ist eng in New York. So eng, dass man sogar auf Mülltonnen verzichtet! Große Bürogebäude haben zwar Container, aber ansonsten tut es der große schwarze Plastiksack. Am Straßenrand liegen also überall schwarze Müllsäcke. Die platzen auch mal, und nicht nur während einer Hitzewelle riecht es dann in der Stadt ziemlich übel – Ratten allerdings finden es total gut.

Dafür kommt jede Nacht die Müllabfuhr – es ist eben die Stadt, die niemals schläft! Jetzt wissen wir  auch, warum: Jeder, der zur Straße hin wohnt, kann sich dank des ständigen Piepens der rückwärts fahrenden Müllwagen wach halten. Immerhin mehr als 11 000 Tonnen Abfall muss die Müllabfuhr täglich einsammeln. Das kostet 1,3 Milliarden Dollar im Jahr.

Größte Mülldeponie der Welt

Im New Yorker Stadtbezirk Staten Island befand sich einst die weltgrößte Mülldeponie, Fresh Kills Landfill.

1948 wurde sie eröffnet, und eigentlich sollte sie nur fünf Jahre betrieben werden. Aber überall sonst schlossen die Deponien. Gab es vor Ausbruch des Zweiten Weltkriegs noch rund 90 Deponien in New York City, so waren es in den späten Siebzigerjahren nur noch sechs. 1974 nahm Fresh Kills Landfill bereits 50 % des gesamten Hausmülls der Stadt New York auf, 1989 waren es 94 %. Im Jahr 1991 wurde die letzte Mülldeponie in Queens geschlossen, womit Fresh Kills Landfill die einzige verbleibende Deponie im Stadtgebiet blieb. So breitete sie sich innerhalb von fünfzig Jahren zu ihrer imposanten Größe von zwölf Quadratkilometern aus; das entspricht 11 % der Fläche von Staten Island. Anfang 2001 stillgelegt, wurde sie ein letztes Mal geöffnet – um die Trümmer vom 11. September aufzunehmen. Heute sind die Überreste und der Müll von einer Parkanlage bedeckt. Weil neue Wohngebiete immer näher an die Deponie gebaut wurden, ist lange die Schließung gefordert worden. Mangels Alternativen überlebte die Deponie immerhin fünfzig Jahre.

Für Schlagzeilen sorgte 1987 eine Verschmutzung der Strände in New Jersey durch medizinische Abfälle wie gebrauchte Spritzen, die von der Deponie weggeschwemmt worden waren. Die Stadt New York wurde zu Schadensersatzzahlungen verurteilt. Auch verloren Müllfrachter immer wieder Ladung im Meer. Durch die lange Zeit ungefilterter Müllzersetzung gelang Deponiesickerwasser in die umliegenden Gewässer und verseuchte sie mit Schwermetallen.

Fresh Kills Landfill ist nicht nur die größte Mülldeponie der Welt, sie gilt auch als eines der größten je von Menschen erschaffenen Objekte: Das Volumen der Müllhalden wird auf 115 Millionen Kubikmeter geschätzt, ihr Gewicht auf 150 Millionen Tonnen.

Müll unter Schnee

2011 sorgte ein schwerer Schneesturm nicht nur für einen tagelangen Verkehrsstillstand, eingeschneite Hauseingänge und Autos, sondern auch für ein rie-siges Müllproblem. Während die Müllberge für die meisten New Yorker eine Plage waren, wurde zumindest eine Person von (nicht vor!) den Abfallmassen gerettet: Als ein lebensmüder 26-jähriger Mann aus dem Fenster des neunten Stocks eines Wohnhauses in der 45. Straße sprang, wurde der Sturz von den Müllsäcken abgefedert. Er kam ins Krankenhaus und überlebte.

Verkehr

New York verfügt über ein Straßennetz von fast 10 000 Kilometern. Manhattan ist nicht umsonst berühmt für seine hohe Verkehrsdichte und die daraus entstehenden Staus während der Hauptverkehrszeiten. Kein Wunder: Die Angestellten müssen zu ih-ren Büroflächen auf engem Raum auf eine Insel gelangen. Außerdem sind viele Straßen Einbahnstraßen, wodurch man im Zickzack fahren muss, um an sein Ziel zu gelangen.

Die Autos kommen aus allen Himmelsrichtungen über Brücken oder durch Tunnel nach Manhattan. Nach Staten Island muss man eine Fähre nehmen, Brooklyn und Staten Island sind durch die Verrazano-Narrows-Bridge miteinander verbunden.

Der Verkehr verläuft in Straßen mit geraden Nummern nach Osten, in Straßen mit ungeraden Nummern nach Westen.

Überfahren: Die George-Washington-Bridge

Die George-Washington-Bridge ist die meist befahrene Brücke der Welt. Über 130 000 Fahrzeuge überqueren diese Brücke, die Manhattan mit New Jersey verbindet, jeden Tag. Das macht im Jahr fast 50 Millionen

Fahrzeuge. Zum Vergleich: Volkswagen hat im gesamten Jahr 2011 8,5 Millionen Autos gebaut.

Busse

Anzahl der Busse: 5 600
Anzahl der befahrenen Routen: 235
Zahl der Fahrgäste wochentags: 2,5 Millionen
Fahrgäste jährlich: 784 Millionen

Fähre

Preis der Staten Island Ferry: kostenlos
Fahrten pro Tag (inkl. Wochenendausflüge): 252
Zahl der Fahrgäste jährlich: 20 Millionen
Fahrgäste pro Tag: 60 000 (ohne Wochenenden)

Die U-Bahn in New York, MTA New York City Transit

Subway-Linien: 27
Stationen: 476
U-Bahnen: etwa 6 282
Fahrgäste pro Tag: fast 5 Millionen
Fahrgäste jährlich: 1,6 Milliarden
Schienenmeilen: über 840
Brücken, die von der U-Bahn überquert werden: 68
(Quelle: MTA New York City Transit, 2011)

Wer in New York einigermaßen schnell ans Ziel kommen möchte, nehme ein Taxi? Falsch! Das mit Abstand schnellste Verkehrsmittel ist die New Yorker U-Bahn, Subway genannt. Schneller ist man nur mit dem Privat-Helikopter. Aber der ist ja oft in Reparatur.

In Stoßzeiten fährt die U-Bahn alle drei bis fünf Minuten. Betrieben wird sie von der New Yorker Nahverkehrsbehörde MTA.

1904 eröffnet, zählt sie zu den ältesten U-Bahnen der Welt. Und sie gilt als eine der bedeutsamsten: Mit 27 Linien, 476 Bahnhöfen, 337 Streckenkilometern mit über 1 355 Kilometern Gleis und über 4,9 Millionen Fahrgästen pro Tag steht sie in der U-Bahn-Top-Ten weit oben, davor liegen nur noch Peking, Shanghai und London. Tendenz: seit Jahrzehnten steigend. Alle 27 Linien sind rund um die Uhr in Betrieb.

Es fahren »Local Trains« (diese halten an jeder Station) und »Express Trains« (diese halten nur an den Haltestellen, die in der Subwaymap mit einem weißen Kreis bzw. Oval gesondert ausgewiesen sind). Neuankömmlinge lernen das schnell – aus Versehen einen Express Train genommen, und schon ist man an der 42 statt an der 14. Straße.

Aber von wegen schnell: Die R- und die N-Bahn werden spöttisch auch »Rare and Never« – Selten und Nie, genannt, besonders an den Stationen in Brooklyn, wo man beim Beine-in-den-Bauch-Stehen dem Putz beim Abbröckeln zuschauen kann – über hundertjährig, sind die Bahnhöfe nicht die modernsten.

Abgehalftert und immer beliebter

Ihr Ruf ist schlecht: Unpünktlich, unzuverlässig und veraltet ist die U-Bahn. Laut ist sie auch. Viele Stationen erinnern an die Kulisse für einen Horrorfilm: Farbe blättert von den Wänden, es tropft aus den Rohren, Neonröhren flackern. Fährt eine U-Bahn ein, quietscht sie ohrenbetäubend. Manchmal sind die Waggons so überfüllt, dass die Bahn ohne anzuhalten durch die Station rauscht. Wegen enger Treppen, fehlender Aufzüge und sperriger Drehkreuze schaffen es Fahrgäste mit Kinderwagen oder schweren Koffern nur unter vielen Mühen bis zum Bahnsteig. Selbst im Jahr 2016 wird an den meisten Stationen noch immer nicht angezeigt, wann der nächste Zug kommt.

Die alten Bahnhöfe und Züge sind nicht klimatisiert: Wenn draußen 30 °C herrschen, steigt das Thermometer innerhalb der Bahnhöfe manchmal auf über 40 °C. Es gibt weder in den Zügen noch in den Bahnhöfen Toiletten.

»Eigentlich müsste man ein dermaßen in die Jahre gekommenes U-Bahn-Netz komplett neu bauen«, sagt Roland Busch, Vorstand für Städte und Infrastruktur bei Siemens. »Aber das geht natürlich nicht.

Deshalb bleibt nur die ständige Operation am offenen Herzen.« Trotz ihrer schlechten Infrastruktur ist die Subway beliebter als je zuvor, die Fahrgastzahlen steigen und steigen. Auch wenn es an allen Ecken und Kanten fehlt.

Rund 25 Milliarden Euro wollte die MTA von 2015 bis 2019 investieren, unter anderem, um marode Haltestellen zu modernisieren, das Netz auszubauen und 1 000 neue Waggons zu kaufen. Doch die Politik hat erst einmal ihr Veto eingelegt.

Einziger Lichtblick: Seit siebzig Jahren wurde wieder eine neue Subway-Linie gebaut. 14 Kilometer lang wird die Strecke, die Bahnhöfe werden klimatisiert sein. Aber auch hier wird auf WCs verzichtet.

Die teuerste U-Bahn der Welt

2015 wurde ein neuer U-Bahn-Stop der Linie 7 auf der sich immer schneller entwickelnden West Side eröffnet: Die New Yorker sind begeistert! Bisher hatte das ganz westliche Manhattan das Nachsehen, was den öffentlichen Nahverkehr anging.

Die erweiterte Subway-Linie ist ein Ableger jener Bahnlinien, die dort seit Mitte des 18. Jahrhunderts bis 1941 entlangführten. Es ist der erste neue Subway-Halt seit mehr als 25 Jahren. Da früher auf dieser Strecke sehr viele Züge entgleisten, wurde die Strecke einst »Death Avenue« genannt. Der Bau der neuen Station ist teurer als der des Panamakanals: 15,5 Milliarden Euro. Sogar das Großprojekt Stuttgart 21 kostet etwas weniger. Dafür ist die neue Linie nun endlich fertig geworden, was man zum Beispiel vom Berliner Flughafen (BER) nicht behaupten kann. Der soll nach aktuellen Schätzungen 5,4 Milliarden Euro kosten.

Viehtunnel im Meatpacking District

Das Meatpacking District war zum Anfang des 20. Jahrhunderts – wie der Name schon sagt – die Heimat vieler Schlachthöfe und Fleischverarbeitungsbetriebe. Viele der Rinder wurden entweder über die Bahntrasse, dem heutigen High Line Park, hierhertransportiert oder per Schiff aus New Jersey nach New York gebracht. Um ihren Transport vom Dock zum Schlachthof zu vereinfachen, hat die

Stadt einen unterirdischen Tunnel angelegt, schließlich sollten die vielen Tiere nicht den alltäglichen menschlichen Verkehr stören.

Erst im Jahr 2004 wurde dieser Tunnel bei Arbeiten an der Bahntrasse wiederentdeckt. Er beginnt an der 34. Straße zwischen der 11. und 12. Avenue und führt entlang der 39. Straße.

Ein Fingerzeig

Wussten Sie, dass U-Bahn-Schaffner an jeder Station auf eine schwarz-weiß gestreifte Tafel zeigen? Im Jahr 2011 erklärte uns ein Zugführer, was es mit all dem Zeigen auf sich hat: »Wenn das schwarz-weiß gestreifte Schild vor meinem Fenster auftaucht, bedeutet dies, dass der Zug richtig an der Bahnsteigkante steht. Sie trauen es uns nicht zu, nur zu schauen. Deswegen wird gewünscht, dass wir an jeder Station mit dem Finger auf das Schild zeigen, bevor wir die Türen öffnen. Die absolut größte Dienstverletzung eines Schaffners wäre es, die Türen an einer Stelle zu öffnen, wo es keine Bahnsteigkante gibt. Wenn das jemals passieren sollte, wäre das erste, was die Aufsicht fragen würde: »Haben Sie auf das Schild gezeigt?«

Einige New Yorker haben sich einen Spaß mit dieser Regel erlaubt, und sich mit Schildern unter die Tafeln gestellt, auf denen zum Beispiel stand: »Sie haben keine Hose an«, »Schießen Sie mit Ihrem Laser-Finger auf das Ziel«, »Sie sind total sexy«, »The 2nd Ave Subway ist eine Lüge«, und andere Dinge, die die U-Bahn-Schaffner während ihres Arbeitstages ein wenig zum Lächeln brachten.

Krankheit und Tod in der Subway

Erkrankte Passagiere haben in New York im Jahr 2015 3 000 Zugverspätungen im Monat verursacht. Ein drastischer Zuwachs: Im Jahr 2012 waren es nur 1 800 Verspätungen. Warum es diesen Anstieg gab, konnte noch nicht aufgeklärt werden.

New Yorker, die die U-Bahn nutzen, hassen diese Ansage: »Your train is delayed because of a sick passenger.« Sie bedeutet mindestens eine halbe Stunde Zugverspätung. Die meisten wundern sich, was »kranker Patient« wohl bedeutet: Es sind meistens Menschen, die ohnmächtig werden oder sich übergeben müssen. Jetzt wissen Sie's! Manche leiden auch unter Krämpfen oder haben gar einen Herzinfarkt.

Ein »sick customer«, also ein kranker Kunde, ist nicht, wie manche annehmen, ein Selbstmörder, der sich auf die Schienen geworfen hat. Wenn dieser schlimme Fall eintritt, sind Mitarbeiter angewiesen, den Grund für die Verzögerung als polizeiliche Untersuchung (»police investigation«) zu bezeichnen.

Manche Kunden glauben, dass die »Kranker Passagier«-Durchsage nur eine Ausrede ist, um technische Probleme zu vertuschen. Schließlich müssen viele mit ständigen Zugverspätungen leben. Da kann man sich schon fragen, ob nicht mehr Personal bereitgestellt werden sollte, um zum Beispiel im Krankheitsfall schneller helfen und so die Weiterfahrt vieler Bahnen gewährleisten zu können. Das wurde allerdings schon getestet: Von 1998 bis 2008 gab es ein spezielles Programm, im Zuge dessen ausgebildete Krankenschwestern auf die Bahnen verteilt wurden, um den Fahrgästen im Bedarfsfall zur Seite stehen zu können. Aus Kostengründen wurde es aber eingestellt.

Zumindest gibt es jetzt eine Werbekampagne in den Bahnen: Darin wird dazu aufgerufen, wegen eines kranken Passagiers im Waggon doch bitte nicht die Notbremse zu ziehen – denn dann dauert alles noch viel länger, und niemandem ist damit geholfen – weder dem kranken Passagier, noch allen anderen Fahrgästen.

Alltägliche Abenteuer: Taxifahren in New York

 Lizenzierte gelbe Taxis: 13 270
Einheitstarif von JFK International zu einem beliebigen Punkt in Manhattan: 52,50 Dollar plus Gebühren & Trinkgeld
(Quelle: New York City Taxi & Limousine Kommission, 212/676–1000)

Black Cabs / Yellow Cabs

Wenn man die vielen gelben Autos in Manhattans Straßenschluchten sieht, könnte man meinen, in New York seien so viele Taxis unterwegs wie in Peking Fahrräder. Viele New Yorker besitzen gar kein Auto. Die Subway und die im Vergleich zu Deutschland moderaten Taxipreise machen ein eigenes Automobil überflüssig. Wegen der horrenden Parkgebühren ist das Autofahren in der Stadt unbezahlbar – es gibt in Manhattan kostenlose Parkplätze, die von Autofahrern immer dann geräumt werden, wenn die Straßenreinigung kommt – um direkt danach sofort wieder in die Lücke einzuparken. Das Problem: So können die Parkenden nicht mit ihrem Vehikel herumfahren, denn dann wäre der Parkplatz weg …

Für die Summen, die ein New Yorker normalerweise monatlich fürs Parken ausgibt, kann man sich in Berlin eine Einzimmerwohnung leisten. Aber wie alles in New York ist auch das Heranwinken eines Taxis ein nervenaufreibender Wettbewerb, den es zu gewinnen gilt – besonders bei Regen und am Wochenende.

Noch komplizierter wird es, wenn es nach Brooklyn gehen soll: Obwohl es verboten ist, Fahrten abzulehnen, weigern sich viele Taxifahrer, Manhattan zu verlassen. Sie befürchten Einnahmeeinbußen, da sie mit mehreren kurzen Strecken in der City mehr

Geld verdienen als mit Fahrten nach Brooklyn und zurück.

In New York City fahren neben den lizensierten gelben Taxis auch »Black Cabs« (schwarze Taxis). Sie werden gemeinhin »Car Service« genannt und normalerweise nur auf (telefonische) Bestellung hin genutzt. Tatsächlich kann man sie jedoch wie ihre gelben Konkurrenten an jeder Ecke heranwinken. Anders als beim gelben Taxi, bei dem der Fahrer ein Taxometer anstellt, wird beim Black Cab der Preis vorher vereinbart. Aber weder die Taxifahrer der gelben noch der schwarzen Taxis kennen sich außerhalb von Manhattan aus. Manchmal sprechen sie schlechter Englisch als die mitfahrenden Touristen. Die Federung ihres Wagens haben sie vor langer Zeit verloren / verkauft / verschlissen. Falls Sie unter einem Bandscheibenvorfall leiden, empfehle ich die U-Bahn oder eine Reise nach Florida ohne Rückflugticket.

Manche Taxis schlingern beim Fahren so entsetzlich, dass man unbedingt Tabletten gegen Seekrankheit dabeihaben sollte. Kürzlich fragte mich ein Taxifahrer, ob ich ein Navigationsgerät dabeihätte. Ich wollte von Brooklyn nach Queens ins PS1, ein bekanntes Museum. Also, ich dachte zumindest, dass es bekannt sei …

Am besten ist es, Sie kennen den Weg oder haben einen Ausdruck von Google Maps dabei, um dem

Taxifahrer zu zeigen, wo es langgeht. Spanischkennt-
nisse sind ebenfalls von Vorteil, auch Hindi, Farsi
und Arabisch. Im Notfall hilft nur ein eigener Taxi-
schein für New York. Wenn Sie es trotzdem wagen
wollen, müssen Sie Folgendes lernen: Leuchtet das
mittlere Oberlicht, kann man ein Taxi heranwinken.
Die »Off Duty«-Lichter an den Seiten bedeuten, dass
das Taxi nicht zur Verfügung steht. Sind alle Lichter
aus, ist das Taxi bereits besetzt.

Die Taxipreise

Strecken zwischen drei und fünf Kilometern sollten
zwischen acht und 15 Dollar kosten. Eine Strecke von
Brooklyn zum oder vom John F. Kennedy Flughafen
kostet im Black Cab durchschnittlich 35 Dollar.

Beim gelben Taxi beträgt die Grundgebühr
2,50 Dollar, nach 20 Uhr drei Dollar und im Berufs-
verkehr 3,50 Dollar. Dazu kommen zehn Prozent
Trinkgeld.

Verkehrstote in New York

176 Fußgänger kamen 2014 bei Verkehrsunfällen in
New York City ums Leben – im halb so großen Berlin waren es 14.

Bridge-and-Tunnel-People

Der Begriff Bridge-and-Tunnel-People, »Brücken-und-Tunnel-Leute«, ist nicht gerade ein Kompliment. Die Bezeichnung umfasst all jene New Yorker, die nicht auf der Halbinsel Manhattan leben. Sie werden von versnobbten Manhattan-Bewohnern so genannt, die es nicht nötig haben, am Ende des Tages von Manhattan nach Queens, Brooklyn, New Jersey oder in die Bronx zu fahren, und zwar über eine Brücke oder durch einen Tunnel.

Historische Namen für New York

Manna-hatta hieß einst die Insel, die von den indigenen Völkern Nordamerikas besiedelt war. Für 60 Gulden ging sie 1626 allerdings an Peter Minuit, einen der vielen niederländischen Kaufleute, die sich in Brooklyn und Long Island angesiedelt haben. So war auch gleich der neue Name für dieses beliebte Stück Land geboren: **New Amsterdam.**

Gotham City ist eigentlich eine Stadt in einem Comic, und zwar die Heimatstadt Batmans: zwielichtig, verkommen, kriminell. 1807 schon bezeichnete der Autor Washington Irving in seiner Essaysammlung »Salmagundi« New York als »Gotham City«, wo die Menschen wichtigtuerisch und irre seien. Edgar Allan Poe beschrieb das New Yorker Alltagsleben in »Doings of Gotham«. Das lokale Baseballteam nannte sich in seiner Gründungszeit 1883 bis 1885 »New York Gothams«, bis sie sich später in »Giants« umbenannten.

Der Spitzname **The Empire City** entstand am Ende des 19. Jahrhunderts, höchstwahrscheinlich aufgrund der vielen Staatsbauten und Veranstaltungen in der Stadt.

Heute wird New York oft als **The City that never sleeps** bezeichnet. New York ist energiegeladen wie keine andere Stadt, manche finden das hektisch, andere inspirierend. So ging es auch Frank Sinatra, der in seinem Song »New York, New York« ebendiese Zeile als Erster aussprach.

Es gibt unterschiedliche Theorien, wie es zum bekanntesten Spitznamen **The Big Apple** kam. Hier die beliebtesten:

1. »Big Apple« ist ein Begriff aus der Jazzszene, die in den 30ern vor allem in Harlem von Weltrang war. Er bezeichnet herausragende Jazzmusiker in folgender doppeldeutiger Redewendung: »There are

many apples on the tree, but only one Big Apple.«
Ein Auftritt eines Musikers wurde damals auch
»apple« genannt.

2. »Big Apple« ist der Ort, der am meisten des nationalen »Saftes«, also Geldes abbekommt (1909, in »The Wayfarer in New York« von Edward S. Martin).

3. Es handelt sich um einen Ausdruck aus dem Pferderennsport, dem »Big Apple«, bei dem man auf den New Yorker Rennbahnen (ebenfalls »apple« genannt) »das große Geld« (»The big money«) machen kann.

**New Yorker Wohngebäude
mit Wassertank**
Die wassergefüllten Holz-
fässer auf den Dächern
kommen für Trinkwasser-
versorgung und Brandschutz
zum Einsatz, und das seit
über 100 Jahren. Weil das
New Yorker Wasser aus
großen Reservoirs außerhalb
der Stadt kommt, reicht
der natürliche Wasserdruck
nicht aus, um die ganze Stadt
zu versorgen. Ganz ohne
Wassertanks kommen bis
heute nur wenige Häuser in
New York aus.

◼ Gesellschaft ◼

Bevölkerung

In New York leben mehr Italiener als in Venedig und mehr Iren als in Dublin. New York ist eine Stadt der Einwanderer.

Wer jedoch glaubt, dass die Einwohnerzahl in New York stetig anstieg, irrt. Die Einwohnerzahl hat in den letzten Jahren erstmalig seit 1950 wieder zugelegt. Bis 2012 sind immer mehr Leute weggezogen, seit 2012 sind über 160 000 Menschen hinzugekommen.

In New York City leben laut der letzten Volkszählung von 1990 rund 7,3 Millionen Menschen – nach Jahren des Rückgangs nun wieder mit steigender Tendenz: 2011 wurden 8,2 Millionen Menschen geschätzt. Dabei nicht berücksichtigt sind die vielen illegalen Einwanderer, die in keiner Statistik auftauchen.

Insgesamt 18 Millionen Einwohner hat Greater New York, zu dem noch Long Island, die Counties Westchester, Rockland und Putnam im Staat New York, acht Counties in New Jersey sowie fünf Counties in Connecticut gerechnet werden. Dadurch wird Greater New York zur drittgrößten Stadt der Welt, nach Mexico City und Tokio.

Wie viele Menschen leben wo? (Stand 2014)

New York City: 8 491 079
Bronx: 1 438 159
Brooklyn: 2 621 793
Manhattan: 1 636 268
Queens: 2 321 580
Staten Island: 473 279

Jeder dritte New Yorker wurde im Ausland geboren. Kamen jahrhundertelang die meisten Einwanderer aus Europa, so stammt heute die Mehrheit der 100 000 Immigranten pro Jahr aus Asien, Afrika und Lateinamerika.

Bevölkerungsentwicklung in New York City

Jahr	Einwohner
1630	300
1640	400
1650	1 000
1660	1 500
1680	3 000
1690	3 900
1700	5 000
1710	5 700
1720	7 000
1730	8 600

Jahr	Einwohner
1740	11 000
1760	18 000
1775	25 000
1. August 1790	57 500
1. August 1800	87 685
1. August 1810	129 359
1. August 1820	162 547
1. Juni 1830	252 666
1. Juni 1840	401 612
1. Juni 1850	706 323
1. Juni 1860	1 175 674
1. Juni 1870	1 469 045
1. Juni 1880	1 935 359
1. Juni 1890	2 533 600
1. Juni 1900	3 437 202
15. April 1910	4 766 883
1. Januar 1920	5 620 048
1. April 1930	6 930 446
1. April 1940	7 454 995
1. April 1950	7 891 957
1. April 1960	7 781 984
1. April 1970	7 895 563
1. April 1980	7 071 639
1. April 1990	7 322 564
1. April 2000	8 008 278
1. April 2010	8 175 133

Der New Yorker an sich

Der Bewohner des Big Apple ist nicht wie die anderen Amerikaner. Fragt man ihn, ist er in erster Linie New Yorker und erst dann Amerikaner. New Yorker sind eben nicht so, wie sich die Welt gemeinhin Amerikaner vorstellt. Oft überdurchschnittlich gebildet, pflegt der New Yorker einen sarkastischen Humor. Um New Yorker zu sein, muss man nicht in New York zur Welt gekommen sein. »Man ist New Yorker, wenn man elf Jahre hier gelebt hat!«, sagt meine Freundin Tess aus Texas. Sie hat elf Jahre in New York gelebt.

New Yorker ist man, wenn man New Yorker sein will. Weil man heimlich stolz ist, stolz auf die Stadt, die immer so hoch hinaus will und eins der besten Opernhäuser der Welt besitzt, die besten Museen, die besten Galerien, die besten Restaurants und natürlich die Yankees!

Wirklich angekommen ist man, wenn man zu den fünf besten Partys des Jahres geht. An einem einzigen Abend. Und obwohl viele New Yorker, gerade die, die dort geboren sind, ihre Stadt nur selten und ungern oder gar nicht verlassen, sind sie sehr individuell, oft exzentrisch, aber unbedingt weltmännisch. Denn die Welt ist in New York zu Hause.

Der Preis, den man zahlt

Manchmal wirkt New York nicht direkt einladend. Aber auch das hat sein Gutes: Wenn einen das Taxi, das man heranwinken wollte, nassspritzt und vorbeifährt, ist das wie die Verleihung des Ordens »Echter New Yorker«. New Yorker warten entspannt in U-Bahn-Stationen, in denen man besser Horrorfilme drehen sollte, anstatt Touristen mit fetten Ratten im Gleisbett zu erschrecken. In New York stellen sich auch Banker mit 4 000-Dollar-Einzimmerwohnungen (monatliche Miete, versteht sich) im Gucci-Anzug im strömenden Regen und ohne Schirm in eine Schlange, um eine Falafel zu kaufen. Dafür bekommt man dann aber auch die beste Falafel der Welt, versteht sich.

Man nimmt die Unannehmlichkeiten gern in Kauf, ob aus Demut vor dieser Stadt, aus Freude oder Dankbarkeit, denn genau jene Unannehmlichkeit findet eben in New York statt und nicht in irgendeinem gottverlassenen Nest.

Ein echter New Yorker jammert nicht

Wer jammert, ist *kein* New Yorker. Dinge schlecht zu finden (wie das Wetter, die Hipster, Leute aus New Jersey, das Batman-Musical, Bloombergs Salzverbot) gehört zwar zum guten Smalltalk-Ton – aber eins darf man nie: Jammern! Denn Sandy aus Iowa ist nur dann eine echte New Yorkerin, wenn sie nicht heulend zurück nach Hause geht, obwohl sie dort ein ganzes Haus mieten könnte und nicht nur ein WG-Zimmer mit koksenden Mitbewohnern. Ein New Yorker hat außer New York keine Heimat. Und er braucht auch keine.

Harte Schale, harter Kern

Sentimentalitäten kann sich ein echter New Yorker nicht leisten. Es gibt so viele Dramen in New York, dass manchmal nichts hilft, außer einem beherzten »Get over it, babe!«.

Es gilt: Mach dich niemals klein, aber versuche, die kleinen Erfolge zu feiern – auch wenn es nur darum geht, das nächste Taxi zu ergattern.

New York ist nicht nur eine Stadt, sondern eine Berufung, eine Sekte, eine Religion, eine Diva. Sie kommt an erster Stelle mit all ihren Regeln, erst danach kommen die Yankees, der Job und schließlich »die anderen«.

Als New Yorker sind Sie jedoch stolz darauf. Weil Sie sich die 2 000 Dollar leisten können. Für das Zimmer. In der WG. Im Industriegebiet. Ohne Fenster. Okay, das war jetzt ein bisschen übertrieben. Außerdem reicht es manchmal zu wissen, dass man nur auf die Straße gehen muss, um sie direkt vor sich zu sehen: die aufregendste Stadt der Welt.

Wer kann New Yorker werden?

Jeder. New York nimmt jeden auf, wenngleich nicht unbedingt mit einem freundlichen Lachen und offenen Armen. Eher mit hochgezogener Augenbraue oder die kalte Schulter zeigend. Aber klar, wer mit einem Stadtplan herumwedelt, dem wird freundlich der Weg gezeigt. In der Bar kann man mit jedem ein Schwätzchen halten. Versuchen Sie das mal in Brandenburg.

Niemand würde infrage stellen, dass man berechtigt ist, in New York zu sein. Und die Begeisterung, die Ohs und Ahs, wenn man über eine der Brücken nach Manhattan fährt und die glitzernde, großartige Skyline bewundert! Diese Begeisterung teilt der Tourist mit den Einheimischen. Das wird immer so bleiben. Weil diese Skyline der bildgewordene Mythos New Yorks ist und Glamour, Glück, Größenwahn oder wenigstens einen Kater am nächsten Tag verspricht. Und vor allem wirklich einfach wunderschön aussieht.

Jeder kann ein New Yorker sein,
außer der Tourist mit dem Brustbeutel

Ein amerikanischer Freund erzählte mir, er sei bei einem Japan-Aufenthalt ständig gefragt worden, wie lange er noch bleiben wolle. Das würde einem Ausländer in New York nicht passieren. Es wird selbstverständlich angenommen, dass man sowieso für immer bleiben möchte.

Solange man nicht mit Rucksack, Fotoapparat in der Hand und Brustbeutel vor dem Bauch herumläuft, wird man nicht für einen Touristen gehalten, sondern für jemanden, der New Yorker ist oder werden möchte. Einzige Bedingung ist, dass man es will – und die Mieten zahlen kann.

Tough statt schlaff

Die Stadt saugt einen auf wie ein Staubsauger den vermissten Perlenohrring. Man muss aber bereit sein, sich zu verändern, sich der Geschwindigkeit anzupassen, auch wenn es manchmal ganz schön anstrengend werden kann. Merke hierzu: Der Gang zum Therapeuten wird nicht als Schwäche gewertet. Es wird einem eher hoch angerechnet, dass man sich diesen Luxus leisten kann, und ein bisschen exzentrisch sind ja eigentlich alle, die sich hier niederlassen. Deswegen sprechen die New Yorker gar nicht so ungern von ihrem Analytiker. Weil an der Neurosendichte, die man New York nachsagt, doch auch etwas dran sein muss.

New Yorker Hindubuddhismus

Alles in New York neigt zum Extrem und ein wenig zur Willkür. Mahatma Glück, Mahatma Pech, Mahatma Ghandi, heißt es in einem kölschen Karnevalslied. Das könnte ein Motto für New York sein.

Natürlich hat dort jeder eine Religion, von der die eigenen Eltern noch nie gehört haben, und die Sinnsuche ist ein Riesengeschäft. Vielleicht gerade, weil New Yorker es besonders schwer haben, diesen Sinn irgendwann zu finden.

Wer einen gutbezahlten Job hat, macht Wochenendausflüge in die Hamptons. Die anderen arbeiten einfach nur viel und kaufen sich irgendwann eine Klangschale.

Zusammenleben unter New Yorkern

Eine große Stadt wie diese funktioniert nur mit einem Grundmaß an Höflichkeit. Der Weg wird erklärt,  selbst wenn der Erklärende ihn gar nicht kennt, und die Kellner sind freundlich, weil sie vom Trinkgeld leben. Wer aber jemals Angebote für

WG-Zimmer gelesen hat, weiß, was unter der Oberfläche brodelt:

»Du musst dramafrei sein: Keine Psychos!«, »Kein Alkohol!«, »Wir sind Vegetarier!«, »Kein Fleisch in meinem Kühlschrank!«, »Küchenmitbenutzung verboten!«, »Keine Übernachtungsgäste!«, »Ich geh dir aus dem Weg, dafür lässt du mich in Ruhe!«

Solche und ähnliche Inserattexte kann man auf craigslist.com lesen, dem Portal für Wohnungen, gebrauchte Möbel und Bekanntschaften fürs Fesseln und Auspeitschen, eine »Wow-das-ist-das-tollste-Apartment-der-Welt-und-das-acht-Quadratmeter-zimmer-kostet-nur-900-Dollar-und-die-Gegend-ist-totally-sicher-solange-du-abends-mit-dem-Taxi-fährst«-Anzeige jagt die nächste.

Anzeigen mit Verboten und Vorschriften sind die Regel, nicht die Ausnahme. Es zeugt davon, dass der potentielle Vermieter schlechte Erfahrungen mit seinen Mitmenschen gemacht hat – oder er/sie ist selbst verrückt.

Einer meiner New Yorker Mitbewohner hat immer nachts für zwei Stunden die Küche mit Sagrotan desinfiziert. Das war schlimmer und vor allem lauter als die vorherige Mitbewohnerin, in deren Schlafzimmer das Katzenklo stand, das allerdings nie gereinigt wurde. Ich hatte stets Katzenstreu unter den Socken. Samstagnachmittags leerte die Mitbewohnerin immer vier Flaschen Wein (das ist leider die Wahrheit) mit ihrem Lover, um danach bei offener Tür laut Sex zu haben. Ich habe mich dann immer auf katzenstreugepolsterten Socken in mein Acht-Quadratmeter-Zimmer geschlichen. Aber sonst war sie sehr freundlich! New Yorker sind eben alle verschieden (verrückt).

Der perfekte New Yorker Mitbewohner wohnt eigentlich bei seiner Freundin und ist nie zu Hause. Am besten ist jedoch ein Goldfisch. Leider verfügen die nur selten über ein eigenes Einkommen.

Die schlimmsten New Yorker Wohnungsangebote

East Village, Manhattan, Miete 700 Dollar pro Monat:
»Gemütliches, L-förmiges Sofa, nur für dich.«
Und zwar im Wohnzimmer eines Mehrpersonenhaushalts. Aber wenn man einen L-förmigen Körper hat, bestimmt ganz praktisch.

Greenpoint, Brooklyn, Miete 400 Dollar pro Monat:
»Kellerraum, den du dir mit einer weiteren Person teilen wirst.«

Upper West Side, Manhattan,
Miete 649 Dollar pro Monat:
»Biete ein Bett im Viererzimmer mit drei weiteren Frauen. Es sind Stockbetten.«

Brooklyn, Miete 788 Dollar:
»Ausziehsofa im Wartezimmer eines Zahnarzts. Den Raum teilen sich vier bis sechs Frauen. Vergiss nicht, es ist kein Hotel.« Nein, das vergisst man dort bestimmt nicht.

Bushwick, Brooklyn, Miete 475 Dollar pro Monat:
»Sehr kleiner Raum (ca. 2,7 qm). Kein Fenster, eine Stange in der Mitte und ein Wandventilator.«

Williamsburg, Brooklyn, Miete 800 Dollar pro Monat:
»Der Raum hat kein Fenster.«

Bedford-Stuyvesant, Brooklyn,
Miete 480 Dollar pro Monat:
»Das Zimmer wurde mit einer Rigipswand in die Küche hineingebaut. KEINE Fenster. Wir haben keine Probleme mit Alkohol und Marihuana.«

Vermieter in Brooklyn zu Interessent:
»Manchmal kommen Drogenabhängige auf den Hinterhof, aber ruf einfach an, dann kümmere ich mich drum. Die sind harmlos.« Klar. Das sind die Kumpels aus der anderen WG. Die, die keine Probleme mit Alkohol und Marihuana haben.

Bedford-Stuyvesant, Brooklyn,
Miete 90 Dollar pro Woche:

»Nur für Verzweifelte. Geschlafen wird auf dem Boden im Wohnzimmer. Dort wohnen noch zwei weitere Frauen.«

Manhattan, Miete 900 Dollar im Monat:
»Du bist entspannt, gerne Anfang zwanzig. Die Wohnung ist ideal für jemanden, der vielbeschäftigt ist (also nicht viel Zeit zu Hause verbringt). Es kommen oft Gäste, und es wird oft bis in die Nacht gefeiert. Wenn du einen leichten Schlaf hast, bewirb dich besser nicht.« Prima! Ich wohne eigentlich in Japan!

Weitere schreckliche Wohnungen in New York finden Sie unter www.worstroom.com

Liebe in New York

Singles

New York ist die Hauptstadt der einsamen Herzen. Jede dritte Wohnung wird von nur einer einzigen 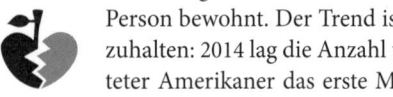 Person bewohnt. Der Trend ist nicht aufzuhalten: 2014 lag die Anzahl unverheirateter Amerikaner das erste Mal über der verheirateter.

Wer glaubt, dass die New Yorker Singles unglücklich seien, irrt. Schließlich sind sie nicht allein – zumindest in der Masse betrachtet. Ein ganzer Markt wurde für Singles erschaffen. Online- oder Speeddating sind nur die Spitze des Single-Bespaßungseisbergs. Schließlich heißt Singlesein in New York nicht, dass man keine Dates oder gar keinen Sex hat. Zudem setzen die New Yorker statt auf Bindungen wie Ehe und Familie eher auf andere soziale Verknüpfungen. Davon gibt es dann aber unzählige: Freunde für Kulturelles, Hobbys oder Ehrenämter, wo man Bekannte trifft, man unterhält sich mit Fremden an der Bar oder mit seinem Friseur, lenkt sich ab beim Sport oder geht mit dem Hund spazieren – dabei kann man großartig zukünftige Partner kennenlernen.

Einsamer Frauenüberschuss

In New York sind heterosexuelle Frauen mit Bindungswunsch gegenüber Männern eindeutig benachteiligt. Denn sie sind in der Überzahl. Es gibt 149 219 mehr Single-Frauen als Single-Männer (Stand 2011). Aber es zeichnet sich ein positiver Trend ab: 2008 waren es 210 000 mehr Frauen als Männer, die nicht in festen Händen waren.

Laut vieler amerikanischer Männermagazine ist New York der beste Ort für männliche Singles. Die Beziehungsexpertin Tamsen Fadal bringt es auf den Punkt: »New York ist für Männer wie ein Süßigkeitenladen. Sobald sie denken, ›ich kriege von dem Mädchen nicht das, was ich will‹, oder ›das geht mir zu schnell‹ (mit dem Zusammenziehen, nicht mit dem Sex), finden sie eine andere. Die Spielregeln sind hier unfair.«

Frau Fadal bot in Manhattan Paarberatungen an – zusammen mit ihrem Ehemann! Wer sagt's denn:

 Wenigstens eine New Yorkerin hat einen abgekriegt. Leider wurde die Ehe der zwei Liebesexperten 2012 geschieden. Nach ganzen vier Jahren. Zwei Hunde müssen nun mit der Scheidung zurechtkommen.

Die Ratgeber, die Fadal geschrieben hat, heißen übrigens »Why hasn't he called« (Warum hat er nicht angerufen) und – für Fortgeschrittene – »Why hasn't he proposed« (Warum hat er mir noch keinen Antrag gemacht). Somit gehören sie ins Regal jeder alleinstehenden New Yorkerin. Oder auch nicht: Denn die typische New Yorkerin ist nicht zum Heiraten in New York, sondern zum Karrieremachen, um Spaß zu haben oder den ultimativen New-York-Roman zu schreiben. Wenn die New Yorkerin nämlich eins nicht ist, dann ein Heimchen am Herd in spe. So!

Typischer Satz weiblicher Singles:
»Die New Yorker Männer sind entweder schwul oder vergeben.«

Typischer Satz männlicher Singles:
»Ich brauche meine Unabhängigkeit.«

In New York gibt es zu viele schöne, gebildete, junge Frauen auf einmal, die sich rein statistisch um nur einen Mann streiten müssen. Das führt häufig zu Paarungen wie dieser: Sie ist ein Model mit Harvard-Abschluss, er ist klein mit Glatze und hat keinen Harvard-Abschluss. Zum Dank betrügt er sie.

Ein weiteres Resultat: Die Mittdreißigerinnen bleiben auf Dauer allein. Sie werden nach einer Weile einfach durch Mittzwanzigerinnen ersetzt.

Die Wahrheit über Paare in New York

Pärchen in New York sind entweder zugezogen oder Touristen.

Datingregeln

In Deutschland herrscht beim Dating Freestyle. Was, wann, wie, wo passiert oder nicht, bleibt dem potentiellen Pärchen überlassen. Ganz anders in Amerika und New York! Jedes Küsschen hat hier seine Bedeutung, und zwar absolut, ohne Interpretationsspielraum. Die Liebe ist eben kein Schulaufsatz aus der elften Klasse.

1. Beim ersten oder zweiten Date muss geküsst werden, sonst läuft es nicht gut.
2. Niemals beim ersten oder zweiten Date mit dem Mann ins Bett gehen.
3. Wenn man nach dem dritten Date nicht miteinander ins Bett geht, ist Schluss.
4. Immer mehrere Menschen gleichzeitig daten. Ansonsten ist man ein Loser.
5. Wenn man eine Person lange genug gedatet hat, kann man sich darauf einigen, sich »exklusiv zu daten«. D.h., man trifft sich nicht mehr mit anderen potentiellen Partnern.
6. Exklusiv zu daten bedeutet **nicht**, dass man ein Paar ist. (Ein Paar ist man in New York dann, wenn man sich ein gemeinsames Apartment / Hündchen / Kätzchen kauft oder zur Paartherapie geht.)
7. Wer sich nicht an diese Regeln hält, wird in New York an viel Liebeskummer leiden. Wer sich daran hält, wahrscheinlich auch.

Zwischen urbanem Anything Goes und alttestamentarischer Moral

Dan Savages Kolumne über Liebe und Sex, »Savage Love«, in der berühmten New Yorker Wochenzeitung »Village Voice« ist sowohl die komischste, herzlichste wie auch schamloseste Glosse, die ich je über Sex und Beziehungen gelesen habe. Eine seiner Wortschöpfungen ist »Monogamish« (eine Mischung aus monogam und »Amish«, Angehörige einer strengen Religionsgemeinschaft). Es lohnt sich, die »Village Voice« wegen dieser Kolumne einzustecken. Es gibt sie überall gratis an New Yorker Zeitungsständen.

Sex in New York lässt sich nur als Wechselspiel zwischen Freiheit und Moralkeule begreifen. Viele tragen noch einen kleinen Puritaner von der Mayflower im Herzen. Die größte Sünde: sichtbare Brustwarzen.

Illustratoren- und Graphikerkollegen erzählen immer wieder Geschichten von Aufklärungskampagnen zum Thema Brustkrebs oder Stillen, in denen eine stilisierte Brust zu sehen ist. Die Reaktionen sind oft so heftig, dass die unschuldigen Brustwarzen wegretuschiert werden müssen.

Amerikanische BHs sind gepolstert wie Opis Lieblingssessel, und damit schlägt man zwei Fliegen mit einer Klappe: Groß soll die Brust sein, aber bitte ohne Brustwarze! Denn die ist anzüglich.

Ein Bilderbuch der deutschen Illustratorin Rotraut Susanne Berner konnte in den USA nicht erscheinen, weil auf einer Seite an einem kleinen, nackten Männchen ein winziges Pimmelchen dran war, gerade mal zwei Millimeter groß. Wimmelbild wird Pimmelbild. Die Angst war zu groß, das Bilderbuch könne die amerikanischen Kleinkinder verderben.

»Born again Christians« lesen keine Pimmelbücher und heben sich bis zur Ehe auf. Eigenartigerweise ist die Zahl der Geschlechtskrankheitsdiagnosen und Teenager-Schwangerschaften hier besonders hoch. Amerikaner sind prüde, heißt es. Deswegen bemüht man sich in New York, es *nicht* zu sein.

Einige schießen dabei übers Ziel hinaus.

»In New York Sex zu haben, ist wie Arbeiten beim Zirkus Krone – in einer Viertelstunde werden dreißig akrobatische Stellungen durchgezogen! Ich bin doch nicht bei der Gymnastikolympiade!«, beschwerte sich eine deutsche Bekannte einmal. Ob das stimmt? Also ICH hab das nicht nachgeprüft!

Serien und Filme über typisches New Yorker Liebesdrama

- Breakfast at Tiffany's
- Working Girl
- The Apartment
- Harry and Sally

- Sex and the City
- (Fast) alle Woody-Allen-Filme

Stilvoll ausgehen

High Heels, Weiblichkeit und Mode

Es regnet in New York. Alle schwitzen, weil die Luftfeuchtigkeit im Sommer wahnsinnig hoch ist, oft bis zu neunzig Prozent. Auf der Kreuzung 7th Avenue an der 33. Straße sehe ich eine junge Dame, deren Absätze länger sind als ihre Beine. Ich dachte, New Yorkerinnen tragen flache Schuhe auf der Straße und haben die High Heels fürs Büro in der Handtasche.

Nein, manchmal wird die volle Pracht auf der Straße vorgeführt. Vor allem im September. Dann ist Fashion Week in New York. Da haben selbst die Gummistiefel Pfennigabsätze. New Yorker Frauen machen sich schick. Entweder sie sind bewusst androgyn gekleidet oder sehr feminin, vor allem legen sie Wert auf das richtige Schuhwerk. Vielleicht habe ich auch zu lange in Berlin gelebt. Mit dem typischen Berliner Kleidungsstil (T-Shirt, Jeans, Sneaker) geht frau in New York schnell als »Tomboy« durch, als burschikoses Mädchen mit »männlicher« Kleidung. Dazu reichen schon Turnschuhe und Hose.

Mit dieser Kleidung sieht eine Frau aus amerikanischer Sicht wie ein Junge aus.

Amerikanerinnen tragen vor allem am Wochenende gern Kleidchen und passende Schühchen. Ihre Haare sind nicht nur lang, sondern offen, toupiert, onduliert und gesprayt. New Yorkerinnen sehen dabei sehr gut aus. Die Kleider sind gerade geschnitten, klassisch, zeitlos, in neutraler Farbe, am besten schwarz.

Der alternative Look sieht ähnlich aus: teure Kleider und Schuhe oder ehemals teuer, weil secondhand oder von der Oma. Dafür sind die Ober- und Unterarme komplett tätowiert, und frau trägt einen Filzhut.

Die New Yorkerin trägt eigentlich immer schwarz. Die Mädchen, deren Viskosefetzen nach Bonbon und Zuckertorte aussehen, kommen meistens aus New Jersey. Ja, Vorurteile darf man haben. Gerade am Wochenende, wenn alle überall in Schlangen stehen, weil man wegen Überfüllung des angesagten Clubs oder wegen fehlender VIP-Kontakte nirgendwo mehr reinkommt. Oder wenn man kein Taxi mehr bekommt, um dem Wahnsinn zu entfliehen, weil bereits zwanzig kreischende Damen im Baby-Doll-Outfit und 15 Typen im Ralph-Lauren-Poloshirt und Stoppelhaarschnitt schon vor einem warten – alle natürlich aus New Jersey!

Da hilft nur eins: Als New Yorker steht man auf

der Gästeliste und schlendert am Pöbel vorbei. Und beim Taxi gelten die Regeln der freien Wildbahn. Darwinismus ist angesagt: »The survival of the fittest!« Während die Masse mit den Smartphones fuchtelt, setzt sich der New Yorker in eines der Taxis und fährt an den Unwissenden und -fähigen vorbei.

Das unterscheidet die New Yorkerin vom »All American Girl«. Das »All American Girl« ist zwar nett, kriegt aber in New York kein Taxi. Und ihre hohen Schuhe tun beim Stolpern auf den miesen Straßen Manhattans echt weh. Die pragmatische New Yorkerin hat auf der Straße längst die Pfennigabsätze gegen die Joggingschuhe getauscht.

Lieblingsfarben der New Yorker

1. Schwarz
2. Schwarz
3. Schwarz

Die bekannteste Dame New Yorks: die Freiheitsstatue

Das ist mal eine Frau! Die beeindruckende »Lady Liberty« (offiziell »Liberty Enlightening the World«) wurde 1886 eingeweiht.

Sie war das Symbol für Freiheit und Neubeginn für Millionen von Einwanderern, die mit dem Schiff nach wochenlanger Reise über den Atlantik in New York ankamen und sich sicher über den Anblick dieser adretten, hochgewachsenen und schönen Dame gefreut haben. Die Statue war ein Geschenk der Franzosen an die Stadt New York zum 100. Jahrestag der Gründung Amerikas. 21 Jahre wurde an ihr gearbeitet. Neben dem Bildhauer Frédéric-Auguste Bartholdi war Gustave Eiffel daran beteiligt, der Erschaffer des Eiffelturms, auch wenn »Lady Freiheit« nur wenig Ähnlichkeit mit der berühmtesten Pariser Sehenswürdigkeit hat: Lady Liberty hat zum Glück etwas mehr auf den Rippen. Aber hoch ist sie auch. Mit einer Figurhöhe von 46,05 Metern und einer Gesamthöhe von 92,99 Metern gehört sie zu den größten Damen der Welt. Die Mutter-Heimat-Statue in Kiew ist mit 102 Metern noch größer, dafür aber nicht so bekannt. Was soll man sagen: New Yorker Frauen sind einfach überragend!

Heute ist die Freiheitsstatue eine der beliebtesten Sehenswürdigkeiten New Yorks. Sie ist sogar innen begehbar, denn wir wissen ja: Bei den Damen zählen auch die inneren Werte.

New Yorker Nachwuchs

Kaum zu glauben, aber auch in New York gibt es Babys! Das Gesundheitsministerium hat ermittelt, dass im Jahr 2014 Jayden und Sophia die beliebtesten Babynamen in New York City waren. Jayden war bereits in den letzten fünf Jahren der Jungenname Nummer 1, während Sophia seit zwei Jahren die Liste anführt – übrigens auch in Deutschland. Mehr als 740 Jaydens und mehr als 630 Sophias wurden im Jahr 2014 in New York City geboren. Insgesamt kamen in der Stadt 2774 weniger Kinder als 2013 zur Welt, nämlich 120 457.

Die beliebtesten New Yorker Babynamen (2014)

Rang	Mädchen	Jungen
1	Sophia	Jayden
2	Isabella	Ethan
3	Emma	Jacob
4	Olivia	Daniel
5	Mia	David
6	Emily	Noah
7	Leah	Michael
8	Sofia	Matthew
9	Madison	Alexander
10	Chloe	Liam

Die ungewöhnlichsten Namen für Mädchen waren Ruchel, Ryleigh, Lexie, und für Söhne Yidel, Dashiell und Jase.

Unter Prominenten ist es üblich, seinem Kind einen individuellen, nein, sagen wir vollkommen ausgeflippten Namen zu geben, der an Obst, Himmelsrichtungen oder Außeriridische erinnert. Und natürlich befinden sich auch Stadtteile darunter. Aber nicht nur Promis begehen diese Verbrechen an ihren kleinen Lieblingen, auch Normalos in den USA tun es. In Deutschland sind viele Namen rechtlich nicht erlaubt, weswegen es hier leider keine Kreuzbergs, Hamburgas oder Wolfibüttels gibt. Noch nicht.

Städtische Namensgebung

Kinder, die wie ein New Yorker Stadtteil oder Gebäude heißen:

- Ansonia (weiblich)
  Das Ansonia ist ein Luxuswohnhaus in Manhattan. Und ein kleines Mädchen in den USA.
- Arverne (weiblich)
  Dieser Mädchenname bezeichnet auch eine Gegend in Queens, New York.

- Astoria (weiblich)

  Bei diesem Namen denkt mancher eher an das piekfeine New Yorker Waldorf-Astoria-Hotel und/oder eine beliebte New Yorker Nachbarschaft in Queens, wo unter anderem sehr viele Griechen leben. Aber es gibt Astoria auch als Baby.

- Bellerose (weiblich)

  Schon wieder eine Gegend in Queens! Und ein Kindername.

- Bronx (männlich)

  Ja, was soll man dazu sagen, wenn Eltern ihren Sohn Bronx nennen. Dass sie »Street Credibility« haben? Das Rockerpaar Ashlee Simpson und Pete Wentz (Fall Out Boy) haben ihren Sohn Bronx Mowgli genannt. Nach so einer Art Großstadt-dschungelbuch. Armer Bronxi.

- Brooklyn (männlich, weiblich: Egal!)

  Posh Spice und David Beckham haben ihr Söhn-chen 1999 Brooklyn genannt, wohl nach dem New Yorker Hipsterbezirk. Mittlerweile ist es auch ein recht populärer Mädchenname. Brooklyn kommt übrigens vom niederländischen Wort Breukelen, was »gebrochenes, zerstörtes Land« bedeutet. Perfekt für ein kleines Mädchen.

Geburten nach Bezirk (Residenz der Mutter), Stand 2013

Bezirk	Anzahl
Manhattan	18 201
Bronx	1 993
Brooklyn	40 633
Queens	26 536
Staten Island	5 269

Kinderbetreuung in New York

In den Vereinigten Staaten gibt es keine Familien-
politik, wie wir sie aus Deutschland kennen.
Arbeitende Eltern sind bei der Planung und
Finanzierung der Kinderbetreuung ganz
auf sich selbst gestellt, und ausschließlich
sehr hilfsbedürftige Familien erhalten Sozialleistun-
gen aus öffentlicher Hand.

Dennoch lassen Millionen Amerikaner ihre Kinder von anderen Personen betreuen, denn wegen der
hohen Lebenshaltungskosten sind fast immer beide
Elternteile berufstätig. In Amerika und gerade einer
hochpreisigen Stadt wie New York sind die Eltern zu
finanziellen Opfern gezwungen. Oft müssen Familien auch Kompromisse bei der Betreuungsqualität
machen, um sie sich leisten zu können.

Eine amerikanische Familie gibt für die Ganztags-
betreuung eines vierjährigen Kindes durchschnittlich zwischen 3000 Dollar und 9 600 Dollar im Jahr aus.
Für Säuglinge und Kleinkinder unter vier Jahren liegen die Kosten noch höher: zwischen 3 800 Dollar
und 13 500 Dollar im Durchschnitt. Je höher die
Qualität der Betreuung, desto teurer ist sie natürlich. Bei einer staatlich anerkannten Betreuungsstätte
(»accredited child care«) liegen die Kosten noch
etwa 5000 Dollar höher. Für eine Säuglingsbetreu-
ung in einer Tagesstätte zahlt eine Familie mit zwei
Einkommen durchschnittlich 10,6 % ihres jährlichen
Haushaltseinkommens. Alleinerziehende Eltern zahlen durchschnittlich fast ein Drittel ihres Jahreseinkommens für die Kinderbetreuung. Am höchsten
sind in den USA die Kosten für Kinderbetreuung in
New York, wo sie für Vierjährige in einer Tagesstätte
ca. 8 500 Dollar im Jahr betragen und etwa 11,5 % des
Durchschnittseinkommens einer Familie mit zwei
Partnern und zwei Kindern unter 18 Jahren ausma-
chen.

In jeder Region der Vereinigten Staaten sind die
jährlichen Kosten für die Säuglingsversorgung höher
als die Durchschnittskosten für Nahrungsmittel. In
49 der 51 amerikanischen Bundesstaaten übersteigen
die Kosten für Kinderbetreuung die Durchschnittskosten für Mietausgaben. Familien mit einem Jahres-
einkommen unter 18 000 Dollar mussten in 38 US-

Bundesstaaten ein Drittel ihres Jahreseinkommens ausgeben, um sich die nicht-elterliche Betreuung ihres Säuglings leisten zu können

In New York liegen die jährlichen Kosten für die Betreuung von zwei Kindern bei über 18 000 Dollar.

Nannys

Weitverbreitet in New York, besonders bei der gutverdienenden Mittelschicht, sind die Nannys – Kindermädchen, die zum Teil rund um die Uhr dem Nachwuchs zur Verfügung stehen. Reguläre Preise für eine »normale« Familie (also eine, die nicht stinkreich ist) bewegen sich zwischen 15 bis 18 Dollar pro Stunde. Das ist zum Beispiel in Brooklyn Standard. Doch manche Nanny kann es sich leisten, mehr als das Doppelte zu verlangen, und würde damit rein theoretisch mehr verdienen als das Elternteil, das sie anstellen möchte.

Die Agentur »Pavillion« ist bei der Suche nach Hausangestellten für New York auf das gutbetuchte Klientel spezialisiert. Die »New York Times« berichtet z. B. über Muneton, ein Kindermädchen, das von dieser Agentur vermittelt wird. Sie ist 49, in einer sehr armen Familie in São Paulo aufgewachsen und hat ein gutes Händchen für die Kleinen. Sie ist ein Kindermädchen der Elite New Yorks. Muneton begann mit 100 Dollar im Monat. Schnell bekam sie durch Empfehlungen und die richtigen Kunden einen so außerordentlich guten Ruf, dass sich im Jahr 2002 ihr Gehalt auf 85 000 Dollar pro Jahr erhöhte. Inzwischen verdient sie rund 180 000 Dollar pro Jahr – dazu bekommt sie Weihnachtsgeld und eine Wohnung im Wert von monatlich 3 000 Dollar am Central Park West.

Der hohe Preis ergibt sich natürlich durch das Engagement und die Verfügbarkeit einer Nanny. Viele Kunden bezahlen einen stolzen Preis für das Privileg, ihr Kind, wann immer sie es wollen oder brauchen, versorgt zu wissen.

Das bringt einige Einschränkungen für diese Kindermädchen mit sich: Sie können niemals eigene Pläne machen, denn die Wahrscheinlichkeit, dass diese durchkreuzt werden, ist hoch.

Eine Nanny erhöht zudem ihren Marktwert, wenn sie fließend Französisch oder Mandarin spricht, ein Vier-Gänge-Menü kochen kann (und am besten auch makrobiotische Rezepte beherrscht), wenn sie reiten und ein Pferd striegeln kann. Greenberg, der Vizepräsident von »Pavillion«, kennt sogar Familien, die es schätzen, wenn ihr Kindermädchen eine Motoryacht steuern, bei der Verwaltung der Kunstsammlung helfen oder die private Eislaufbahn reinigen kann.

Was inzwischen auch in Deutschland diskutiert und vereinzelt angeboten wird, ist in New York zwar nicht an jeder Ecke gang und gäbe, aber doch recht normal: die 24-Stunden Kita. »Nine to five« ist out in New York und moderate Arbeitszeiten haben sich längst überlebt. Rund vierzig Prozent der arbeitenden Bevölkerung arbeite inzwischen abends, frühmorgens, nachts oder an den Wochenenden, erklärt Harriet B. Presser in der »New York Times«. Die Professorin für Soziologie an der Universität von Maryland beschäftigt sich seit Jahren mit dem Wandel des Arbeitsmarktes. »Die Nachfrage der Eltern, die für ihre Kinder eine flexible Kinderbetreuung suchen, steigt ständig«, so Presser. Das zuständige Gesundheitsamt, das die Lizenzen für Kinderbetreuung in New York City vergibt, zählt bereits rund 190 Einrichtungen, die fast zu jeder Tageszeit geöffnet sind – ob morgens um vier oder samstags um zehn. Es ist nicht die Mittelschicht, die 24-Stunden-Kitas nachfragt, diese leistet sich Nannys, also die klassischen Kindermädchen. Es sind die Schichtarbeiter, Krankenschwestern, Alleinerziehenden, die ihre Kinder versorgt wissen möchten. Die Situation wird auch durch die amerikanischen Freiheiten verschärft, die den Bewohnern sehr wichtig sind: In New York möchte jeder rund um die Uhr einkaufen. Und wer sitzt morgens um drei an der Supermarktkasse? Oft die Mutter eines kleinen Kindes. Janet Gornick, Professorin für Soziologie am »Luxembourg Income Study Center« der City-Universität von New York (CUNY), betont auch, dass diese Frauen ihre Kinder extern betreuen lassen müssten, da auch in den USA noch immer selten der Mann einspringe.

Kommen die Kinder in die Schule, entzerrt das die Situation zumindest etwas: In New York beginnt die Schulpflicht mit fünf Jahren, und viele Kinder gehen schon ab vier Jahren ganztags in die Schule oder Vorschule – von 8:30 Uhr bis 15 Uhr.

Tiere in New York

Haustiere

New Yorker lieben ihre Haustiere. Nirgendwo auf der Welt leben mehr Hunde auf so engem Raum wie hier. Kein Wunder, bei der hohen Dichte an Singles.

Es wird geschätzt, dass 1,1 Millionen Haustiere in New York leben, davon 600 000 Hunde und 500 000 Katzen. Das macht ein Haustier je acht New Yorker. Oder ein Haustier in jedem dritten Haushalt. Hams-  ter nicht mitgerechnet. Haushalte mit höherem Einkommen besitzen eher einen Hund.

Die Haustier-Industrie, zum Beispiel Haustier-pflege, Haustier-Läden und Tierärzte, ist im Vergleich zu anderen Branchen in den letzten Jahren am schnellsten gewachsen, von 2000 bis 2010 um dreißig Prozent. Aber auch landesweit lässt sich eine steigende Tendenz verzeichnen. Sowohl die Zahl der Haustiere ist also angestiegen als auch die Ausgaben für die lieben flauschigen Freunde. In New York bedeutete das grob 1 350 Dollar pro Jahr und Haustier im Jahr 2010 und 1,5 Milliarden Dollar insgesamt.

Hunde

In New York gibt es Dutzende Klamottengeschäfte. Für Hunde. An Halloween wird auch immer die angemessene Verkleidung für den Vierbeiner mit eingeplant und Kostümläden führen standardmäßig Verkleidungen für Bello, Wotan und Waldi. Im Jahr 2014 war das Spinnenkostüm der Renner. Jedes Jahr gibt es eine Halloween-Parade nur für Hunde: Da geht der Yorkshire-Terrier als Papst, der deutsche Schäferhund als Pilot und die Chihuahua-Dame als Lady Gaga: einfach gaga.

Es gibt unzählige Dienstleistungen rund um den Hund, und es ist sehr wahrscheinlich, dass New Yorker Hunde häufiger zur Pediküre gehen als die Durchschnittsfrau in Gelsenkirchen. Nicht nur Körper- und Fellpflege werden im Big Apple für Vierbeiner großgeschrieben, auch für das seelische Wohl ist gesorgt. Den Workaholic plagen schnell Gewissensbisse, wenn sein Liebling täglich zehn bis zwölf Stunden alleine sein muss. Dafür gibt es tierische Rundumbetreuung. Das fängt beim Dogwalker (einem professionellen Gassigeher) an und geht bis zu Hundetagesstätten und Tierhotels, wo der beste Freund des Menschen über Nacht bleiben kann, wenn Herrchen und Frauchen auf Geschäftsreise sind.

Ein Dogwalker in Manhattan nimmt für das Ausführen eines Hundes am Tag dreißig Dollar. Und das lohnt sich: Schließlich hat er oder sie immer gleich ein ganzes Rudel im Schlepptau. Eskimos müssen sich bei dem Anblick fragen, wo der Schlitten geblieben ist.

Und die Leine ist Pflicht: In öffentlichen Parks dürfen Hunde nur von 21 Uhr bis 9 Uhr morgens frei herumlaufen.

Anders als in Berlin, wo man bei all den Tretminen auf sein Schuhwerk aufpassen muss, läuft der höfliche New Yorker mit einem Plastiktütchen hinter seinem Liebling her, um mögliche Haufen sofort aufzusammeln. Die beste Ausrüstung für das Entfernen des Hundekots: ein Poop Scoop, frei übersetzt: Häufchen-Schäufelchen.

Der Häufchen-Skandal

Die Deutschen gelten als Meister im Verbotsschildentwerfen. Die New Yorker stehen ihnen jedoch in nichts nach: Ihre Methoden sind perfide, denn manche Verbotsbotschaften sind schlichtweg erlogen. Warnschilder mit dem Hinweis, dass nach Gesetzesnummer 1316 das Häufchenliegenlassen mit einer Gebühr von 1000 Dollar geahndet würde, sind laut »New York Post« eine glatte Lüge. Den Hinweis »IT'S THE LAW! Clean up after your dog – maximum fine $ 1000 – public health law 1316« kann man also getrost ignorieren. Erstens stimmt die Gesetzesnummer 1316 nicht, zweitens liegt die Gebühr bei höchstens 250 Dollar. Und das übrigens seit 1978. Manche dieser etwas übertriebenen Schilder wurden bereits 2004 installiert.

Nachdem die »New York Post« diesen Skandal enthüllt hatte, wurden die Schilder aus den Parks entfernt. Es lebe der investigative Journalismus!

Beliebteste Hundenamen in New York im Jahr 2015

Hündinnen	Rüden
1. Bella (766 Hunde)	Max (991 Hunde)
2. Princess (574)	Rocky (680)

Hündinnen	Rüden
3. Lola (549)	Lucky (599)
4. Lucy (514)	Buddy (593)
5. Daisy (506)	Charlie (531)
6. Coco (452)	Jack (349)
7. Molly (413)	Teddy (297)
8. Chloe (329)	Toby (296)
9. Maggie (316)	Buster (292)
10. Ginger (304)	Gizmo (291)

Die besten Hundefriseurnamen in Manhattan

Pup Culture
Paw Prints of Harlem
BowWow Barber
Groom Room
The Shaggy Dog
New York Dog Spa & Hotel
Doggy Style
American Academy of Pet Grooming Inc.
Le Pet Spa
The Poochie Place
Petropolis
Bark Place
Biscuits & Bath
The Pawlour

Was beim Hundefriseur alles gebucht werden kann

Baden, bürsten, Fell trimmen, Krallen schneiden, Augen reinigen, Ohr reinigen, Entwurmen (bezeichnet mit dem schönen Euphemismus »doggie detox«). Es gibt sogar Haarverlängerungen fürs Fell. Pudelfellfärben (in pink oder regenbogenfarben) ist selbstverständlich – aber fast schon wieder out.

Treatments, die gerade besonders angesagt sind:

- The Pup & Fluff
- Doggie Detox: Anal Gland Expression
- Rehydrating Tearless Facial
- Pawdicure
- Primp My Pooch – Cruelty-free Feather & Fur Extensions
- Balancing Barks

Es ist nur eine Frage der Zeit, wann es Ausbildungsgänge für Hunde-Physiotherapeuten geben wird, die ihr Diplom in Pudel-Thai-Massage und Wurstaroma-Therapie machen.

Wem das nicht reicht, der kann die lieben Vierbeiner auch im Wellnesshotel abliefern: Zehn New Yorker Hotels haben sich auf bellende und schnurrende Gäste eingestellt. Statt Sat-TV und WLAN gibt's Kratzbaum und Kuscheldecke. Die Affinia-Hotelgruppe bietet Futter, Wasserschälchen, Snacks und Spielsachen für Bello in ihrem »Jet Set Pet Program« an.

Eine Nummer luxuriöser ist die »Howlistic Travel Amenity« im Affinia Dumont Hotel: Massageschaum, Lavendel-Pflege und Gourmet-Hundeknochen.

Auch das Hilton nimmt Hunde gern auf und versorgt sie mit Dienstleistungen, Gassigehern und Tierpflegern.

Im edlen Le Parker Meridien erwarten die Vierbeiner Stimmungsmusik, Kratzmatten und ein »Feed the Party Animal«-Menü mit Köstlichkeiten wie Steak Tartar.

Im ebenfalls vornehmen Ritz-Carlton New York, Central Park, bietet man das »Doggy and Me«-Wochenendpaket inklusive Erinnerungsfoto, und das »VIP«-Programm (Very Important Pooch, übersetzt: wichtiges Hündchen), das unter anderem die Benutzung 22-Karat vergoldeter Halsband-Anhänger, Aroma-Therapie und hausgemachte Edel-Hundekuchen beinhaltet. Bei schlechtem Wetter können Regenmäntel, Jacken, Lederwesten und Kaschmirpullover ausgeliehen werden. Für den Hund.

Wow. Oder besser gesagt: Wau!

Unbeliebte Stadtbewohner: Ratten

Ratten sind hochintelligente, soziale Tiere – und sehr unbeliebt. Schon im 14. Jahrhundert übertrugen sie die Pest, die ein Drittel der europäischen Bevölkerung dahinraffte. Auch die Übertragung anderer tödlicher Krankheiten macht die Ratte zum Schädling Nummer Eins, besonders in einer Metropole wie New York. Die Nager zerstören und kontaminieren Essensvorräte und sind in der Stadt für geschätzt 26 % der kaputten Kabel verantwortlich, weil sie daran nur allzu gern knabbern. Auch an 25 % der unaufgeklärten Brände sollen sie Schuld haben.

Auf jeden Menschen, der in New York lebt, soll eine Ratte kommen. Dachte man. Das macht bei acht Millionen Menschen also acht Millionen Ratten. Zum Glück ist diese Berechnung nicht korrekt. Die hohe Zahl ist ein urbaner Mythos. Im Jahr 2014 hat sich endlich jemand in einer Studie dieser wichtigen Theorie angenommen. In der »Young Statisticians Writing Competition« fragt der Gewinner Jonathan Auerbach: »Does New York City really have as many rats as people?«

Die Antwort lautet: Nein. Es sollen nur zwei Millionen Nager in New York leben. Dabei gab Auerbach jedoch zu, dass Ratten »schlechte Umfrageteilnehmer« seien. Zu seinen Ergebnissen kam er, indem er Beschwerden über Ratten hochrechnete. Insgesamt gab es 40 500 mit Ratten besiedelte Grundstücke. Da auf eine Rattenkolonie fünfzig Mitglieder kommen, konnte Auerbach die Zahl auf (nur!) zwei Millionen festlegen. Die Wahrheit über New Yorks Ratten hat daher einen faden Beigeschmack: Denn wie viele New Yorker beschweren sich schon über den Rattenbefall in ihrem Haus?

Schaben

Noch unbeliebter als Ratten, aber dafür zahlreicher vertreten, sind die Schaben oder Kakerlaken. Aus den uralten Gebäuden New Yorks sind sie nicht wegzukriegen. Selbst in der saubersten Küche huschen sie flink unter den Schrank, wenn ein menschlicher Bewohner nachts das Licht anmacht, um sich ein Erdnussbuttersandwich zu schmieren. Kakerlakenhasser veröffentlichen im Netz Listen der Restaurants, in denen Inspektoren die robusten Krabbeltiere aufgefunden haben. Die Daten sind öffentlich zugänglich, und die Zahlen sind hoch. »Roachmap« heißt die Seite.

Der Forscher Mark Stoeckle von der Rockefeller University in New York untersucht die amerikanische Großschabe (Periplaneta americana) im »National Cockroach Project«. Bisher wurde nur wenig zur großstädtischen Schabe geforscht. Die Menschen aus ganz Amerika sind dazu aufgerufen, ihm Schaben zu schicken, die es nicht mehr rechtzeitig hinters Regal / unter den Schrank / in die Hauswandlücken geschafft haben. Tot müssen sie sein, und manche kommen ziemlich zerquetscht bei ihm an. Stoeckle fand heraus, dass sich die Tiere nicht gleichmäßig über New York verteilen, sondern in ihren eigenen Gruppen in ihren Stadtteilen bleiben. Der Genotyp von Schaben aus der Upper West Side ist somit ein anderer als der aus der Upper East Side von Manhattan.

Vor Millionen von Jahren haben sich die verschiedenen Typen genetisch auseinanderentwickelt und sind so noch immer in New York aufzufinden. Erst dachten die Forscher, es könnte sich sogar um unterschiedliche Arten handeln. Das aber scheint nicht der Fall zu sein. Manchmal paaren sich die verschiedenen Genotypen untereinander, so dass Mischlingsschaben entstehen.

Trotzdem bleiben die Kakerlaken gern in ihren Gruppen. Ein bisschen wie die New Yorker selbst, die verlassen auch nur ungern ihre engste Nachbarschaft. Auch Kälte mögen die Schaben nicht, sie verkriechen sich gerne in den Heizungsschächten der Wohnblocks. Die jüngste Schabenartentdeckung stammt aus Japan. Die Yamoto-Schabe überlebt sogar bei minus 30 Grad Celsius.

Bettwanzen

Kakerlaken sind in New York zwar zahlreich vorhanden, beherrschen aber nicht die Medien. Das übernehmen ihre ebenfalls ekligen Kollegen, die Bettwanzen.

New Yorker nehmen das Problem mit den Bettwanzen sehr ernst. Es gibt eine Website, auf der man verseuchte Hotels oder Gebäude melden kann. Oft bekommt man allerdings das Gefühl, dass die gefürchteten Bettwanzenbisse einfach nur ein paar Mückenstiche sind. New York hatte jedoch immer schon ein Problem mit den matratzenliebenden Parasiten. Die meisten Beschwerden sind also berechtigt. Wer sich eingehender für Bettwanzen in New Yorker Betten interessiert, schaut auf www.bedbug registry.com nach.

Wer sich jetzt noch nicht kratzen muss, der lese die typischen Anzeichen für Bettwanzenbisse und -befall genau durch:

- Der Stich oder Biss einer Bettwanze trifft in der Regel ein Blutgefäß des Menschen. Die Folge: Blut tritt aus, das von Bettwanzen aufgesaugt wird. Bei diesem Vorgang kommt es zu Blutflecken auf Bettlaken, Bezug und Nachtwäsche.
- Da Bettwanzen selten sofort beim ersten Stich ein Blutgefäß treffen und längere Wanderungen

auf dem Körper des Menschen vermeiden wollen, zeigen sich oft Stiche in einer reihenartigen Anordnung (Wanzenstraße). Der Biss durch eine Bettwanze unterscheidet sich von dem Stich durch einen Floh oder einer Laus. Betroffen sind vor allem unbedeckte Körperbereiche wie Arme, Beine, Füße, Nacken, Schulter, Hals und Gesicht.

- Ein weiteres Indiz für einen Bettwanzen-Befall sind kleine, schwarze Kotpunkte, die auf Laufwegen, in Verstecken und beim Saugvorgang auf der Haut des Menschen hinterlassen werden.

New Yorks dunkle Seite

Drogen, Mord und Totschlag in New York

New York City wird immer sicherer: 2013 verzeichnete die Stadt 333 Morde. Dies ist ein zwanzigprozentiger Rückgang im Vergleich zu 2012 mit 419 Morden. So wenig gemordet wie im Jahr 2013 wurde das letzte Mal im Jahr 1963.

1990 wurden in New York 2 262 Morde registriert. Damit war es das blutigste Jahr überhaupt in der 8,3 Millionen Einwohner zählenden Stadt. Während dieser Hochphase der Kriminalität legten viele Eltern ihre Babys in Badewannen schlafen, aus Angst vor Querschlägern aus

Pistolen. Schon im Kindergarten wurde den Kindern beigebracht, in Deckung zu gehen, wenn es knallt.

Die Regel: Mord!

Am 28. 11. 2012 passierte in New York kein einziges schweres Verbrechen. Das war der »New York Daily News« eine Schlagzeile auf dem Titel wert: »Keine Schießereien, keine Messerstechereien, kein Aufschlitzen – verbrechensfreier Tag in Gotham City!«

2009 gab es eine ganze Woche, in der keine einzige Person in New York City ermordet wurde – eine Seltenheit. Im Februar 2014 waren es sogar ganze zehn Tage, die zwischen zwei Morden lagen. Was war da los? Sind die Kriminellen in New York milder geworden? Mitnichten: Wahrscheinlich war es zu kalt zum Töten; zu der Zeit herrschte eine Kältewelle.

Im Jahr 2015 passierte im Februar etwas noch Außergewöhnlicheres. Keine Tötungsdelikte an elf aufeinanderfolgenden Tagen! Mancher Polizeibeamte war zu abergläubisch, um darüber überhaupt reden zu wollen. Als ein Polizist vom TV-Sender »CBS This Morning« dazu befragt wurde, äußerte er nur ein ängstliches »Psssst«.

Blutige New Yorker U-Bahn

1979 wurden über 250 Vergehen in der New Yorker Subway (U-Bahn) gezählt. Pro Woche! Macht 13 000 Straftaten pro Jahr. Damit hatte New York die höchste Kriminalitätsrate, die je im öffentlichen Nahverkehr irgendwo auf der Welt gemessen wurde.

1984 wurden täglich vierzig Menschen in der U-Bahn beraubt, zusammengeschlagen, vergewaltigt oder ermordet. Rund 5 000-mal brannte es in Tunneln, auf Bahnsteigen oder in den Waggons. Diebe und Randalierer pöbelten, stahlen und wurden handgreiflich. Die Angst fuhr immer mit. Heutzutage ist die Gefahr gebannt und die Verbrechensrate sehr niedrig. Na dann, gute Fahrt!

Waffengesetzgebung

New York hat seit 2013 die schärfsten Waffengesetze der USA. Sehr zum Ärger der überaus starken Waffenlobby. Auslöser für die strengere Reglementierung war das Massaker in einer Grundschule in Newton, Connecticut, bei dem 28 Menschen, darunter zwanzig Kinder, ums Leben kamen.

Nach dem neuen Gesetz dürfen New Yorker keine Sturmgewehre mehr über das Internet kaufen. Magazine dürfen nur maximal sieben statt bisher zehn Schuss haben, und es wurde ein Schnellmeldesystem eingeführt, das anzeigt, wenn jemand sehr viele Kugeln erwirbt. Therapeuten und andere Mediziner, die von ihren Patienten eine glaubwürdige Drohung zum Einsatz von Waffen vernehmen, müssen dies melden.

Leider konnte an dieser Stelle nicht recherchiert werden, wie viele Sturmgewehre in den Jahren davor über das Internet von New Yorkern bestellt wurden.

Eine Verschärfung der Gesetze ist also immer relativ: Oder kämen Sie auf die Idee, ein Sturmgewehr über den Onlineversandhandel zu bestellen? Die »National Rifle Association« (NRA) ist jedenfalls »… empört über das drakonische Waffengesetz, das jetzt durchgepeitscht wurde«, heißt es.

Zumindest für sich selbst sind die New Yorker in dieser Hinsicht keine Gefahr: Der Staat New York hat die drittniedrigste Selbstmordrate in den USA.

New York City Kriminalitätsrate (Stand 2013)

Art des Verbrechens	Anzahl der gemeldeten Verbrechen auf 100 000 Einwohner
Totschlag	4
Vergewaltigung	14
Raub	243,7

Art des Verbrechens	Anzahl der gemeldeten Verbrechen auf 100 000 Einwohner
Schwere Körperverletzung	376,5
Gewaltverbrechen gesamt	639,3
Einbruch	224,8
Diebstahl	1 398,6
Autodiebstahl	98,8
Eigentumsdelikte gesamt	1 722,2

Quelle: FBI 2013 UCR data

Öffentliches Urinieren

Im Jahr 2015 wurden in New York 28 609 Menschen beim öffentlichen Pinkeln von der Polizei erwischt. Dafür wurden bis Juni desselben Jahres 6 799 Strafzettel verteilt, im Jahr 2014 waren es 8 329. Entweder wird in New York also von Jahr zu Jahr weniger getrunken oder die Einwohner kommen langsam zur Vernunft. Für Ersteres spricht, dass auch die Vorladungen für öffentlichen Alkoholkonsum gesunken sind: 33 971 Vorladungen waren es 2015, 2014 noch 44 339.

Die »New York Post« erschien 2015 mit einem besonders unappetitlichen Titelbild, auf dem ein Mann gezeigt wurde, der sich am helllichten Tag, inmitten des laufenden Verkehrs, seelenruhig am Broadway erleichtert. Normalerweise ist öffentliches Urinieren eher eine typische Beschäftigung für den fortgeschrittenen Abend. Besonders auf den Straßen zwischen Corona und Elmhurst in Queens mit seinen Restaurants, Bars und Clubs kommt es häufiger vor. Obwohl es dort eigentlich auch Toiletten geben müsste … In den genannten Bezirken wurde 400-mal öfter öffentlich gepinkelt als in den übrigen Bezirken New Yorks, es gab 1329 registrierte Urinattacken. Die anderen Top-Pinkel-Spots sind East Harlem, das West Village in Manhattan, Bedford-Stuyvesant in Brooklyn und Astoria und Long Island City in Queens. Manche halten dies für eine Lappalie, der Stadtrat Corey Johnson jedoch empfindet es als Problem, wenn unkontrolliert herumgepullert wird. Besonders gut riecht es auch nicht.

Der Anwalt Jason Stern vertritt die Pinkler, denen eine Strafe von fünfzig Dollar droht. Stern nimmt allerdings 500 bis 1000 Dollar Honorar. Zu seinen Mandanten zählen Berufstätige genauso wie Studenten und Taxifahrer. Sie wenden sich nicht an ihn, um die fünfzig Dollar Strafe erlassen zu bekommen, sondern damit auf keinem amtlichen Formular das Stigma »öffentliches Urinieren« zu lesen ist. Ist Stern erfolgreich, wird die Strafe in »Abfallentsorgung in der Öffentlichkeit« abgemildert. Stern kann mit dieser Urin-Routine seinen Lebensunterhalt bestreiten.

Ob es für einen vergoldeten Toilettensitz reicht? Es wäre ihm fast zu gönnen.

Harte Drogen, stets im Trend

Lieferservice für die Mittelschicht

New York ist, wenn es um Drogen geht, eine gebeutelte Stadt. In den Siebzigerjahren war es Heroin, danach kam Crack. Die Rauschgift-Wellen hatten Tausende von Drogentoten zur Folge, zerstörten Leben, verursachten Kriminalität und den Verfall von Harlem, der South Bronx und Teilen Brooklyns.

Heute fungiert New York leider abermals als riesiges Drehkreuz für Drogen aller Art. Es wird geschätzt, dass in den letzten Jahren das Heroin-Angebot in New York um 400 Prozent gestiegen sei, eingeschmuggelt wurde die Droge hauptsächlich aus Mexiko. Den Kampf gegen die Drogen führen das Drogendezernat DEA und die Zollbeamten am Flughafen JFK. Im Jahr 2015 haben die Behörden in New York über hundert Kilo Heroin beschlagnahmt – 63 Kilo waren es im Vorjahr. Solche Mengen gab es zuletzt 1991. Ein Päckchen Heroin in New York kostet ungefähr sechs Dollar, auf dem Land bis zu vierzig Dollar.

Der Bedarf ist groß und die Zielgruppe hat sich

gewandelt. Elite-Dealer beliefern Rechtsanwälte, Banker und Wall-Street-Händler mit Drogen bester Qualität. Marihuana-Kuriere liefern Gras wie Pizza aus. Das Drogengeschäft durchdringt die gesamte New Yorker Gesellschaft. Die Dealer arbeiten professioneller als in den Siebzigern, die Kunden sind naiver. Das Heroin ist heute viel reiner, als es früher war: In den Siebzigern lag der Reinheitsgrad bei sechs bis zehn Prozent, heute sind es vierzig bis sechzig Prozent. Das bedeutet, dass die Droge geschnupft werden kann. So entsteht die Illusion, Heroin sei harmloser geworden. Zwischen 2010 und 2012 schoss die Zahl der Überdosisopfer um 84 Prozent in die Höhe. Kürzlich meldete die städtische Gesundheitsbehörde für das Jahr 2014 782 Fälle – statistisch gesehen sind das mehr als zwei Tote pro Tag.

Auch Oscarpreisträger Seymour Hoffmann starb 2014 in Manhattan an einer Überdosis Heroin.

Die New Yorker Psyche

Welche Gemeinsamkeit haben alle New Yorker?

Sie sind verrückt.

Spaß beiseite, aber in jedem Klischee steckt auch ein Fünkchen Wahrheit, so ist die Analytikerdichte in New York City und insbesondere in Manhattan so hoch wie eigentlich nirgendwo sonst auf der Welt.

Ein Satz wie »Mein Psychotherapeut hat gesagt …« gehört zu jedem vernünftigen Party-Smalltalk.

1936 schrieb die Psychoanalytikerin Karen Horney (die mit dem berühmten deutschen Psychologen und Autor Erich Fromm eine Affäre hatte) *das* damalige Standardwerk über Neurosen: »The Neurotic Personality of Our Time«. Ihr Wohnsitz: New York City.

Alle Amis sind nett. Nur nicht die New Yorker!

Es gibt empirische Beweise, dass New Yorker »ein bisschen schwierig« seien. Eine Studie der Universität Cambridge, die eine sechsjährige Online-Umfrage mit 620 000 Amerikanern durchführte, kam zu dem Schluss, dass in New York die neurotischsten 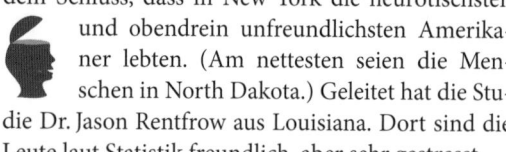 und obendrein unfreundlichsten Amerikaner lebten. (Am nettesten seien die Menschen in North Dakota.) Geleitet hat die Studie Dr. Jason Rentfrow aus Louisiana. Dort sind die Leute laut Statistik freundlich, aber sehr gestresst.

An der Ostküste, also auch in New York, sind die Menschen eher ängstlich, gestresst, aufbrausend und neigen zu Herzkrankheiten und Krebs. Dafür ist man dort aber auch liberal und tolerant.

Irre, diese New Yorker

2015 verklagte eine New Yorkerin ihren Neffen wegen einer zu stürmischen Begrüßung auf 127 000 Dollar Schmerzensgeld. Der Achtjährige ist seiner Tante so freudig-wild um den Hals gefallen, dass sie dabei stürzte und sich das Handgelenk brach. Dabei rief der Kleine: »Tante Jen, I love you!« Doch was ist schon Liebe im Vergleich zu einer verärgerten Rabentante:

»Ich kann kaum mehr einen vollen Vorspeisenteller halten. Sean ist ein sehr liebevoller Junge, aber in seinem Alter sollte er besser wissen, was er tut.«

Das sahen die Geschworenen allerdings anders. Sie votierten für den kleinen Jungen. Ein Grund für den Irrsinn mag auch das fragwürdige amerikanische Gesundheitssystem sein: Der Tante, die sich keine Krankenversicherung leisten konnte, war es nicht möglich, die hohen Kosten für die Behandlung der Hand selbst zu tragen.

»New York serviert einem psychische Krankheiten, Drogenabhängigkeit und Essstörungen auf dem Silbertablett«, sagte Taxifahrer Marc Preven dem »Observer«, der quasi von Berufs wegen täglich mit den Irren New Yorks zu tun hat. »Es gibt so viele verschiedene Welten hier, die sich alle überlappen und gegeneinanderstoßen. Die Grand Central Station ist sozusagen ein Teilchenbeschleuniger für Menschen.«

Manche Störungen sind größer, manche kleiner: Zum Beispiel die Angst, von den Tropfen der vielen Klimaanlagen getroffen zu werden. Eine echte Mikroneurose oder sagen wir lieber Tröpfchenneurose?

An der Upper West Side gibt es je hundert Meter Straße mindestens einen Therapeuten, circa 120 haben ihre Praxis zwischen Columbus Circle / 59. Straße und 110. Straße, das umfasst knappe vier Quadratki- lometer. Und das sind nur die eingetragenen. An der Upper West Side gibt es dazu mindestens elf Aus-der-Hand-Leser (sogenannte Psychics), also Leute die einem für Geld die Zukunft voraussagen.

Zusätzlich existiert in New York DIE Meta-Neurose, die man nur als Journalist kennenlernen darf. Sie bündelt ganz viele Neurosen darin, dass jemand erst seine psychischen Probleme offenbart, um dann auszurufen:

- »Zitieren Sie mich nicht!«
- »Lassen Sie mich nicht verrückt klingen!« (Zu spät.)
- »Nein, Sie dürfen meinen vollen Namen nicht verwenden!« (Welchen? Kaiser von China?)
- »Werden sich die Leute über mich lustig machen?« (Aber hallo!)
- »Mist, ich klinge verrückt, oder?« (Na klar!)

- »Darf ich den Artikel vor Veröffentlichung sehen?«
  (Nix da!)

Was macht die New Yorker neurotisch?

1. Zu viele Menschen auf zu engem Raum
2. Die hohen Lebenshaltungskosten: Viele werden zu Workaholics, das Stresslevel steigt.
3. Die Präsenz extrem vieler berühmter, schöner, erfolgreicher und reicher Menschen in dieser Stadt. Da kommt man sich oft ganz unbedeutend vor und arbeitet ständig dagegen an.
4. Der 11. September: Als Europäer fallen einem direkt die ausgeprägten Sicherheitsvorkehrungen in der Stadt auf.
5. Fehlende Familie / Gemeinschaft: Wer sein Apartment nur mit einem Chihuahua teilt, wird schnell wunderlich und kauft diesem in absehbarer Zeit veganes Konfekt und Designerschuhe.

Kleine New Yorker Neurosen

- Seinen Hund oder seine Katze »mein Baby« zu nennen – und auch so zu behandeln.
- Seinem Haustier Designerklamotten anzuziehen.
- Sein Kind (diesmal ist von einem »echten« Menschen die Rede) an einer Leine laufen zu lassen.

- Es jedes Mal, wenn man joggt, zu twittern und auf Facebook zu posten.
- Selbstgebackene, gluten- und fettfreie »Schwarzwälder Kirschtorten« auf Facebook und Instagram zu posten.
- An mehreren Lebensmittelunverträglichkeiten gleichzeitig zu leiden.
- Sich Joghurt mit null Prozent Fett zu kaufen, aber nach dem Einkauf drei Donuts zu essen.
- Andere zu verklagen, weil sie einen umarmen.

Große New Yorker Neurosen

Das neurotische Bedürfnis nach Zuwendung und Anerkennung

Menschen, ganz besonders New Yorker, hungern nach Anerkennung. Und die wollen viele durch besonders gutes Aussehen und optimierte optische Reize erlangen. Deswegen rennen sie alle zum plastischen Chirurgen. Der Schönheitschirurg Dr. Jon Turk bringt es auf den Punkt: »Ich spritze ihnen etwas Botox, und einige kommen nach zwei Wochen wieder, deuten auf eine Zwei-Millimeter-Falte und sagen: ›Es bewegt sich!‹ Ich versuche dann, sie darauf hinzuweisen, dass sich Gesichter von Natur aus bewegen sollen.«

Das neurotische Bedürfnis nach einem Partner

Für Männer und Frauen manifestiert sich diese Neurose unterschiedlich. Frauen neigen dazu, sich übermäßig darum zu sorgen, endlich »den Einen« zu finden und sesshaft zu werden, während Männer ständig auf der Suche nach einer noch besseren Partnerin sind, und somit von einem Date zum nächsten hetzen. Frauen gewöhnen sich an Männer, die sich immer unzuverlässiger verhalten, und kämpfen immer verzweifelter darum, Mr Right zu finden. Und Männer schauen beim Date gleich der nächsten Dame auf den Hintern.

Das neurotische Bedürfnis, sein Leben in engen Grenzen zu führen

Seine Nachbarschaft nicht zu verlassen ist manchen New Yorkern ein Bedürfnis. Sie bleiben in ihrem Kiez. Manche Bewohner Manhattans waren noch nie in Brooklyn und umgekehrt. Für viele ist es schon zu viel, von SoHo nach Chelsea zu gehen und ihren üblichen Wirkungsradius von 15 Häuserblocks zu verlassen. Sie werden nervös und ängstlich, wenn es darum geht, sich außerhalb ihrer gewohnten Umgebung zu bewegen. Muss die Komfortzone doch mal verlassen werden, wird dieser Ausflug zwanghaft geplant und akribisch vorbereitet, als ob eine Reise in ein fernes Land bevorstünde – und nicht nur die Fahrt von der Upper East Side nach Midtown.

Das neurotische Bedürfnis nach Macht

Der Wunsch, andere zu beherrschen und Macht zu erlangen, definiert das politische und wirtschaftliche Leben in der Stadt, wo die Gebäude größer, die Boni fetter und mancher Bürgermeister um Millionen reicher ist als fast überall sonst auf der Welt. Aber ist es nicht interessant, dass das Ringen um Kontrolle oft ins Stocken gerät, wenn es um die Beherrschung der eigenen Impulse geht? New Yorker trinken zu viel, rauchen zu viel, und mancher twittert öffentlich Bilder von seinem Penis (googeln Sie mal Anthony Weiner!). Und wird dann leider nicht mehr Gouverneur. Vorerst! Ein echter New Yorker eben.

Das neurotische Bedürfnis, andere auszunutzen

Sehen wir uns die Mietpreise an. Wenn man die Oma vor die Tür setzen kann, um danach die Miete um das Doppelte zu erhöhen, wird das gemacht. Leute, die Wall Street liegt in New York! Und wurde nicht schon den Native Americans Manhattan für sechzig Gulden abgekauft?

Das neurotische Bedürfnis
nach sozialer Anerkennung und Prestige

Klassiker! Denken wir nur an Donald Trump, den Multimillionär und Präsidentschaftskandidaten (das Krankheitssymptom schlechthin für einen Nicht-Politiker). Ihm reicht es nicht, einen Privatjet zu besitzen, nein, sein Name muss auch darauf stehen. In welcher Farbe noch mal? GOLD natürlich! Ebenso wie sein Name auf Gebäuden, Wodkaflaschen, Krawatten und Golfplätzen prunkt, äh, prangt.

Die »normalen« New Yorker müssen ihr Geld für Miete, gebügelte Hemden, Restaurantbesuche und Taxifahrten ausgeben.

Das neurotische Bedürfnis, bewundert zu werden

Gespräche, bei denen nur einer redet, und zwar die ganze Zeit, natürlich von sich (oder den berühmten Persönlichkeiten, die man kennt), sind recht häufig. Namedropping gehört immer auch dazu, und das klingt dann so: »Neulich in Damians Studio …« »Welcher Damian?« »Damian HIRST?!«

Das neurotische Bedürfnis, persönlich etwas zu erreichen (und mit »persönlich« ist das eigene Kind gemeint = Doppelneurose)

Das gilt schon für die Kleinen. Wenn Klein-Suzette keinen Platz in der Schickimicki-Kita bekommt (für 30 000 Dollar im Jahr), werden Träume zerstört. (Die der Eltern.) Klein-Suzette kann wahrscheinlich froh sein. »Ich fühlte mich wie ein sozialer Außenseiter«, sagt die Upper-East-Side-Mutter. »Ich war am Boden zerstört, es war einfach so demütigend. So wird sie es niemals nach Harvard schaffen!« Hätte man doch nur den Kurs »Chinesisch für Säuglinge« besucht ...

Eigentlich hatte die Mutter Glück. Denn aus den Kindern, die solche Kindergärten besuchen, werden schnell Teenager, die sich zum Geburtstag einen Chauffeur, einen Gorilla und einen eigenen Vergnügungspark wünschen.

Das neurotische Bedürfnis, »etwas Besseres« zu sein

Madonna, Courtney Love, Mariah Carey, Gloria Vanderbilt und Calvin Klein. Nein, das sind NICHT die Bösen, sondern die Opfer. Nämlich von Leuten, die über allen stehen: New Yorker Eigentümer. Wer eine eigene Wohnung in der höheren Preislage kaufen möchte, steht einer hochnäsigen Eigentümerversammlung gegenüber, der nichts, nicht einmal genug Geld, gut genug ist. So haben Madonna, Courtney Love, Mariah Carey, Gloria Vanderbilt und Calvin Klein gemeinsam, dass sie alle schon mit Eigentümern zu kämpfen hatten, die sie lieber nicht als Nachbarn in ihrem schicken Wohnhaus haben wollten.

Die wichtigsten Exzentriker New Yorks

- Die Serienfigur Seinfeld und seine Freunde – fassen alle Neurosen in sich zusammen
- Donald Trump (Milliardär) – liebt nur sich, hasst alle anderen
- Andy Warhol (Künstler) – skandalträchtiger Avantgardist, lebte bei seiner Mutter
- Woody Allen (Komiker, Filmemacher) – thematisiert in jedem seiner Filme New Yorker Neurosen, hat seine Adoptivtochter geheiratet
- Lady Gaga (Sängerin, Schauspielerin) – trägt gerne Kleider aus Speck
- Anna Wintour (Modeexpertin) – ist voll gemein, voll dünn und voll im Trend
- Barbra Streisand (Sängerin, Schauspielerin) – ist »etwas schwierig«
- Jennifer Lopez (Sängerin, Schauspielerin) – hat ihren Popo versichert

Solomon R. Guggenheim Museum
Von Frank Lloyd Wright in 700 Skizzen ent-
worfen. 1959 wurde Eröffnung gefeiert. Der
größte Kritikpunkt an dem eindrucksvollen
Gebäude lautete, dass seine architektonische
Besonderheit der dort gezeigten Kunst die
Show stehle.

■ Kultur ■

Willkommen in der Weltkulturhauptstadt

In New York gibt es
- 500 Galerien
- über 200 Museen
- über 150 Theater
- über 18 000 Restaurants

New Yorker Kulturimporte

New York hat vor allem in kultureller Hinsicht oft neue Maßstäbe gesetzt. Die USA haben eben nicht nur Mickey Maus und McDonald's hervorgebracht. Dabei wurde hier einiges erfunden bzw. hervorgebracht:

1920: Modern Dance
1930: Comics
1940: Jazz
1950: Abstrakter Expressionismus
1960: Pop Art
1970: Disco
1980: Hip Hop

Während Hollywood allgemein als Herzstück der amerikanischen und weltweiten Filmindustrie gilt, ist New York die Hauptstadt der Independent-Filme.

Broadway, Off-Broadway, Off-Off-Broadway

Was wie ein verstopfter Auspuff klingt, ist die Kate-
gorisierung der Theater- und Musical-Landschaft in
New York: Der Broadway, klar, bringt alles auf die
Bühne, was Rang und Namen hat – und Mainstream
ist. Er ist in tausend Liedern besungen worden und
steht für den Traum aller darstellenden Künstler, berühmt zu werden, so ähnlich wie Hollywood für an-

gehende Filmstars, nur eben für die
Bühne. Unter dem Broadway versteht man das Theaterviertel zwischen der 41. und 53. Straße rund
um den Times Square. Dort sind vierzig große Theater zu Hause, die Theaterstücke und Musicals zeigen.

Off-Broadway (zwischen 100 und 500 Zuschau-
ern) und Off-Off-Broadway (weniger als 100 Zuschauer) werden ungefähr 1 500 Spielstätten in der
Stadt genannt, in denen die kleineren Inszenierungen aufgeführt werden.

Die Off-Broadway-Bühnen befinden sich etwas
abseits, die Off-Off-Bühnen fast immer außerhalb
des Theatre Districts. Die Mieten sind dort günsti-
ger, und das färbt auch auf die Ticketpreise ab.

Einige Stücke, die erfolgreich am Off-Broadway
liefen, wurden später auch am Broadway gezeigt,
so geschehen bei den Welterfolgen »Hair« und »A
Chorus Line«.

Die Off-Broadway-Produktionen unterschreiten zwar die Dimensionen der großen Musicals à la »Phantom der Oper«, sie sind aber oft die spritzigeren, frecheren Inszenierungen, die häufig Kultstatus erlangen und manchmal sogar im Kino landen. »Der kleine Horrorladen« von 1982 begeistert mit seinen singenden, fleischfressenden Pflanzen immer noch zahlreiche Fans.

Medienhauptstadt New York

Nirgendwo werden auf so kleinem Raum mehr Zeitschriften produziert als in New York. Führend ist der Condé Nast Verlag: Sein Sitz ist ein Wolkenkratzer, direkt am Times Square Nummer Vier. Versuchen Sie mal, am Times Square die Nummer Vier zu finden … Aber dort sitzt Condé Nast tatsächlich – und produziert emsig über hundert Zeitschriften, »The New Yorker« ebenso wie »Vogue«.

Die Fachzeitschrift »Columbia Journalism Review« (CJR) kürte New York 2009 zur Medienhauptstadt der Welt. Allein in Manhattan zählte die CJR mehr als 10 000 Reporter, Redakteure, Produzenten, Fotografen und andere Medienschaffende. Wie eigentlich in allen Branchen New Yorks, besteht auch hier Talentüberfluss. Man muss sich also ranhalten, um zu bestehen: Es braucht eine Mischung aus Arbeitssucht, Leidenschaft, Sturheit und Durchhaltevermögen.

The New Yorker

»The New Yorker« erscheint wöchentlich und ist DIE New Yorker Publikation schlechthin. Es handelt sich um die Lieblingslektüre des intellektuellen New Yorkers, der Klatsch und Tratsch auf hohem Niveau geliefert bekommen möchte. Aber ebenso interessieren den Leser Gesellschaft, Politik und Kultur, die in dieser Zeitschrift, die ausnahmslos Illustrationen auf ihrem Cover bringt, in Essays, Reportagen und Kurzgeschichten veröffentlicht werden. »The New Yorker« wird auf der ganzen Welt gelesen – denn seine Autoren sind berühmte Schriftsteller, hochrangige Forscher und Experten, herausragende Journalisten.

Hannah Arendt veröffentlichte hier ihren kontroversen Essay zum Eichmann-Prozess (»Die Banalität des Bösen«), der Schriftsteller Truman Capote schrieb Reportagen.

Die Cartoons, die über die ganze Zeitschrift verstreut sind, sind nicht nur komisch, sondern auch sehr klug.

Ein bisschen versnobbt ist der »New Yorker« auch: »… it is not edited for the old lady in Dubuque.« So beschreibt sich die Zeitschrift selber. Sinngemäß übersetzt: Diese Zeitschrift wird nicht für die alte Dame aus der Kleinstadt gemacht. Und dieses Konzept funktioniert seit 1925.

In den Sechzigern bekam der »New Yorker« Konkurrenz, das »New York Magazine« ging an den Start. Es geht auch hier um Gesellschaft, Kultur, Politik, Stil mit Fokus auf New York City. Das Heft gilt als Wiege des New Journalism und kommt im Vergleich zu »The New Yorker« barscher und weniger höflich daher. »The New Yorker« geht mit seiner Berichterstattung längst über New York City hinaus und bringt relevante Stories, die von nationaler, oft genug internationaler Bedeutung sind. Seit dem Relaunch im Jahr 2004 hat die Zeitschrift mehr Auszeichnungen gewonnen als jedes andere Magazin. Die Auflage beträgt 1 070 047 (2015) mit einem Abonnentenanteil von weit über neunzig Prozent. Der Durchschnittsleser ist 51 Jahre alt.

Die 136 Bildungstempel der Stadt

The Ailey School (Alvin Ailey American Dance Crew).
American Academy McAllister Institute
American Academy of Dramatic Arts
American Musical and Dramatic Academy
Art Institute of New York City
ASA College
Bank Street College of Education
Bard College (Globalization and International Affairs Program)
Bard Graduate Center
Barnard College
Berkeley College
Bethel Seminary of the East
Boricua College
Bramson ORT College
Briarcliffe College – The Queens Center
Brooklyn Law School
Christie's Education
City University of New York (CUNY)
Baruch College
Borough of Manhattan Community College
Brooklyn College
Bronx Community College
City College of New York
Sophie Davis School of Biomedical Education

CUNY Baccalaureate for Unique and Interdisciplinary Studies
CUNY Graduate Center
CUNY School of Professional Studies
CUNY Graduate School of Journalism
CUNY William E. Macaulay Honors College
CUNY School of Law
College of Staten Island
Hostos Community College
Hunter College
John Jay College of Criminal Justice
Kingsborough Community College
Stella and Charles Guttman Community College
LaGuardia Community College
Lehman College
Macaulay Honors College
Medgar Evers College
New York City College of Technology
Queens College
Queensborough Community College
York College
College of Mount Saint Vincent
College of New Rochelle (School of New Resources)
Columbia University
Cooper Union
Cornell University
Cornell NYC Tech

Weill Cornell Graduate School of Medical Sciences
Weill Cornell Medical College
DeVry University
The European School of Economics
Fordham University
General Theological Seminary
Gerstner Sloan Kettering Graduate School of Bio-
medical Science
Globe Institute of Technology
Hebrew Union College
Helene Fuld College of Nursing
Institute of Design and Construction
Jewish Theological Seminary of America
Juilliard School
Keller Graduate School of Management
The King's College
Laboratory Institute of Merchandising
Long Island Business Institute
Long Island College Hospital School of Nursing
Long Island University
Mandl College of Allied Health
Manhattan College
Manhattan School of Music
Marymount Manhattan College
Mercy College
Metropolitan College of New York
Monroe College
The New School

Eugene Lang College The New School for Liberal Arts

Mannes College The New School for Music

Milano The New School for Management and Urban Policy

Parsons The New School for Design

The New School for Drama

The New School for General Studies

The New School for Jazz and Contemporary Music

The New School for Social Research

New York Academy of Art

New York Career Institute

New York Conservatory for Dramatic Arts

New York Graduate School of Psychoanalysis

New York Institute of Technology

New York Law School

New York School of Interior Design

New York School of Urban Ministry

New York Theological Seminary

New York University of Architecture

New York University

New York University School of Law

New York University School of Medicine

Tisch School of the Arts

Polytechnic Institute of New York University (Polytechnic Institute of Brooklyn)

Nyack College (School of Music)

Pace University
Pacific College of Oriental Medicine
Phillips Beth Israel School of Nursing
Plaza College
Pratt Institute
Professional Business College
Rabbi Isaac Elchanan Theological Seminary
Richard Gilder Graduate School – American
    Museum of Natural History
Rockefeller University
St. Francis College
Saint John's University
New Brunswick Theological Seminary
Saint Joseph's College
Sanford-Brown Institute
School of American Ballet
School of Visual Arts
State University of New York
Fashion Institute of Technology
SUNY Downstate Medical Center
SUNY Empire State College (The Harry Van
    Arsdale Jr. Center for Labor Studies)
SUNY Maritime College
SUNY College of Optometry
Studio Maestro
Sotheby's Institute of Art
Swedish Institute of Massage Therapy
Teachers College

Technical Career Institute College of Technology
Touro College
Tri-State College of Acupuncture
Union Theological Seminary
Vaughn College of Aeronautics & Technology
Wagner College
Yeshiva University
Albert Einstein College of Medicine
Benjamin N. Cardozo School of Law

136! Kein Wunder, dass die New Yorker überdurchschnittlich gebildet sind.

Musik aus und über New York

Es wurden Tausende Lieder über New York geschrieben! Die »List of Songs About New York City« auf Wikipedia umfasst mehr als 2500 Einträge. Allein 129 handeln im Titel vom Broadway, aber nur acht von Queens, drei von der Avenue A, nur einer von der Avenue C, dafür 13 Songs von der Fifth Avenue. Ganze sieben Songs enthalten das Wort »Love«, 14 sind Weihnachtslieder.

Die Madison Avenue wurde zehnmal besungen:

- »Madison Avenue« von Bachman-Turner Overdrive
- »Madison Avenue« von Carl Holmes & The Commanders
- »Madison Avenue« von Gil Scott-Heron
- »Madison Avenue« aus dem Musicalfilm »How To Stuff A Wild Bikini«
- »Madison Avenue« von Kid Creole & The Coconuts
- »Madison Avenue« von Suburban Nites
- »Madison Avenue« von T-Bone Burnett
- »Madison Avenue Hitler« von The Fallen Angels
- »Madison Avenue Man« von Greg Kihn Band
- »Madison Avenue Uber Alles« von Louis Nye

Die besten Songs über New York

- »All the Critics Love U in New York« von Prince
- »Acid Over Manhattan« von Pump Panel
- »The Angels Sing in New York City« von Modern Talking
- »Auto Theft in New York City« von Ism
- »Babes on Broadway« von Artful Dodger
- »Baltimore is the New Brooklyn« von JC Brooks & the Uptown Sound

- »Brooklyn is Burning« von Head Automatica
- »Central Park Arrest« von Thunderthighs
- »Chopin Visits Brooklyn« von Mike Garson
- »Coney Island Baby« von Tom Waits
- »Daddy Don't Live in That New York City No More« von Steely Dan
- »Englishman in New York« von Sting
- »The Hippie From New York City« von David Peel
- »I Didn't Come to N.Y. to Meet a Boy from My Hometown« von Michele Lee
- »I Met My Baby in Macy's« von Tommy Dorsey
- »I Wanna Be a NY Ranger« von The Misfits
- »In New York the Only Sin Is Being Timid« (aus dem Musical Onward Victoria)
- »My My Metrocard« von Le Tigre
- »Nesting Time In Flatbush« von Jerome Kern
- »Never Been to New York« von Daniel Lavoie
- »New York Shit« von Busta Rhymes
- »New York Theme (Hey, You Can Have that Heart Attack Outside Buddy)« von Tom Waits
- »One Day You'll Dance For Me, New York City« von Thomas Dybdahl
- »Panic in Central Park« von Yo La Tengo
- »She's a Bombshell from Brooklyn« von Xavier Cugat
- »The Statue of Liberty Is Smiling« von Joseph A. Phillips

- »Workin' for the MTA« von Justin Townes Earle
- »Zoo York« von Oakenfold

Pinguine in New-York-Songs

- »Penguin At The Big Apple« von The Trammps
- »Penguin At The Waldorf« von Frankie Carle
- »Penguins On Broadway« von Hellmut Hattler

Hip-Hop

Yo, BITCHES! Hip-Hop ist DER Kulturexport New Yorks, for REALZ, man! Er kommt von der Straße und hat eine Kreativität, Wortgewandtheit und Musikalität freigesetzt, die dem Nicht-Fan vielleicht

nicht sofort einleuchtet. Deswegen folgt hier eine kurze Zutatenliste, die ein bisschen Licht ins Dunkel bringen soll.

Was ist Hip-Hop?

Hip-Hop ist nicht nur ein Musikstil, Hip-Hop ist ein Lifestyle: Plattenauflegen (DJing), Breakdance, Graffiti und Beatboxing. Spaß haben, verrückte Klamotten tragen, den Mund als kreatives Werkzeug und als Waffe benutzen, Musiktracks samplen.

Die Wurzeln liegen in der schwarzen Funk- und

Soulmusik, entstanden ist er in den Ghettos der großen amerikanischen Städte, in New York zuerst in der Bronx, dann schwappte der Trend über nach Queens und Brooklyn.

Hip-Hop in der Bronx

Auf den Straßen der Bronx entwickelte sich der neue Musikstil in den späten Siebzigern als Ausdruck eines Lebensgefühls. Mord und Totschlag waren die Themen der Sprechgesänge mit den Beats aus dem Ghettoblaster, zu denen bei spontanen »Block Partys« auf der Straße wild gefeiert und getanzt wurde. Gerappt wurde über die sozialen und gesellschaftlichen Probleme, allen voran die Rassendiskriminierung und Benachteiligung der afroamerikanischen Bevölkerung.

Kurzes Hip-Hop-Lexikon

Rap: Sprechgesang
Sampling: Zusammenschneiden und Mixen von Soundschnipseln, um für den Track den richtigen Rhythmus und die richtige Melodie zu erzeugen. Recycling von Musik aus allen Genres, auch Klassik und Jazz.
Beatboxing: Beats und Rhythmen werden mit Mund und Rachen erzeugt.

MC: Master of Ceremony. Jungs, die die Party anheizen, coole Sprüche klopfen und auch selbst rappen.

Grandmaster Flash: Einer der Pioniere. Er entwickelte um 1976 die wichtigsten Techniken im DJing wie das Cutting, das Backspinning oder das Phasing.

Kurtis Blow: In den Siebzigern erst Breakdancer, dann DJ, später auch Rapper, der mit seinem ersten Hit »The Breaks« 1980 einen Hip-Hop-Klassiker schuf. Der erste Rapper, der ein ganzes Album bei einer großen Plattenfirma aufnahm. Er produzierte The Fat Boys und Run DMC.

LL Cool J: Die Abkürzung steht für »Ladies Love Cool James«. James Todd Smith wuchs in Queens auf und hatte eine schwere Kindheit: Er musste mit ansehen, wie sein Vater seine Mutter und den Großvater anschoss, hatte aber schon mit 16 Erfolg im Rap-Business und brach deswegen die Schule ab. Ist vielen zu mainstreamig, kann auch schauspielern.

Slick Rick: Slick Rick (Richard Walters) ist in London geboren, kam aber mit zehn Jahren nach New York. Weil er als Kind ein Auge verlor, trägt er eine Augenklappe, sein Markenzeichen. Gilt als einer der wichtigsten Old-School-MCs. Sein erfolgreichstes Album »The Great Adventures of Slick Rick« gewann Platin, er wurde u. a. von Tricky und Snoop Dog gecovert. Einer der meistgesampleten Songs ist sein Song »La Di Da Di« (1985).

Public Enemy: Sie gehören zu den einflussreichsten, bahnbrechendsten Rappern. Die Texte sind politisch und manchmal durchaus gewaltsam, dabei aber musikalisch beeindruckend. Ein Klassiker ist »Fight the Power«. Public Enemy waren die ersten Rapper, die auch außerhalb Amerikas tourten und den neuen Musikstil in Europa verbreiteten. Markenzeichen ist ihr Logo, ein Fadenkreuz. Rapper Chuck D gilt als einer der prägendsten Rapper aller Zeiten, als Sprachrohr einer Minderheit berichtet er von seinen eigenen schwierigen Erfahrungen. MC Flavor Flav ist der verrückte Gegenpart, was er vor allem durch sein schräges Aussehen befeuert. Er ist dafür bekannt, dass er gern riesige Küchenuhren um den Hals trägt. Eine dieser Uhren hängt inzwischen in der Hall of Fame. Weitere Public-Enemy-Mitglieder: Professor Griff, DJ Lord, Terminator X.

De La Soul: In Long Island gründete sich die Gruppe De La Soul, die zwar politisch war, aber sich durch viel gemäßigtere und friedlichere Texte auszeichnete als die meisten Ghettorapper. Ihr Stil wurde als No School, bzw. Next School bezeichnet. Sie spielten auch mit Country- und Jazzelementen. Der Song »Me, Myself and I« wurde ein Welthit.

Gemeinsam mit A Tribe Called Quest, Queen Latifah und den Jungle Brothers bildeten sie die Native Tongue Family: Die afrikanische Herkunft, das Leben in Amerika, gesellschaftliche Belange und soziales Bewusstsein prägten die Songs in intellektueller und experimenteller Weise.

A Tribe Called Quest: Seit 1985 prägten A Tribe Called Quest mit ihrer Experimentierfreude beim Sampling ganz besonders den Sound des East Coast Rap. Sie mischten den Sound alter Platten, Elemente des Jazz, ein Intro von Lou Reed und vieles mehr – ihre Songs galten als musikalisch genial. Die Texte waren intellektuell und sozialkritisch, aber auch humorvoll und sexy (siehe »Bonita Applebum«, der erste »sanfte« Rap über den Apfelpo einer Angebeteten).

The Notorious B.I.G.: The Notorious B.I.G. hieß eigentlich Christopher George Latore Wallace, stammte aus Bedford-Stuyvesant in Brooklyn und war als Künstler auch unter Biggie, Biggie Smalls und Frank White bekannt. Der Rapper wurde im März 1997 Opfer eines Drive-by-Shootings. Die Täter wurden nie gefasst, es ist jedoch zu vermuten, dass es sich um eine eskalierte Auseinandersetzung mit Rappern aus dem Umfeld des kurz zuvor ermordeten Rappers Tupac Shakur handelte.

Wu-Tang Clan: Der Wu-Tang Clan etablierte Anfang der Neunzigerjahre einen düsteren Hip-Hop-Stil. Während Hip-Hop sich damals immer weiter in Richtung Funk und Pop bewegte, arbeitete die Band mit Posse Cuts und experimentellen Beats. Ihr Debütalbum »Enter the Wu-Tang (36 Chambers)« gehört zu den Meilensteinen des Hip-Hop.

Nas: Nas begann seine Karriere in Queensbridge. Sein Debütalbum »Illmatic« von 1994 gilt als eines der wichtigsten Alben der Hip-Hop-Szene. Er ist einer der bedeutendsten zeitgenössischen Rapper.

Jay Z: Jay Z ist 1996 in Brooklyn zur Welt gekommen, 2008 heiratete er die Musikerin Beyoncé. Gemeinsam bilden sie das bestverdienende Paar Hollywoods. Jay Z ist mit seiner Musik kommerziell erfolgreich. Neben der Musik gründete er das Designerlabel Roca-Wear. Außerdem brachte er zusammen mit der Sportfirma Reebok eine Schuhkollektion mit dem Namen S. Carter bzw. Shawn Carter heraus. Er ist Mitbesitzer der NBA-Basketballmannschaft Brooklyn Nets. Die Alben »Reasonable Doubt«, »The Blueprint« und »The Black Album« gelten auch außerhalb der Hip-Hop-Szene als musikalische Meilensteine.

Kommunikation auf New Yorkisch

Allgemeine New Yorker Redewendungen

Stand on line	Während die meisten Amerikaner »stand in line« (anstehen) sagen würden, sagen die New Yorker »stand on line«.
Hero	New Yorker nennen ein großes, weiches Brötchen (»bun« oder auch

	»roll«), das dann lecker belegt wird, einen hero.
Do me a solid	Man bittet Sie um einen Gefallen. Oder um (Klein)Geld.
Alright already!	Das ist genug! Hör auf!
Fuhhgeddaboutit	So spricht ein New Yorker »Forget about it!« aus. Es bedeutet so viel wie »Auf keinen Fall!« »You want me to do you a solid? Fuhhgeddaboutit!«
Don't jerk my chain	Wenn Sie sich als Tourist hereingelegt fühlen, sagen Sie das einfach! Es bedeutet soviel wie »Ich lass mich nicht veräppeln!«

Ghettoslang

All that	»He thinks he's all that« = Er glaubt, er sei der Tollste.
Assed out	So viel wie »am Arsch sein«
Baby Mama / Baby Daddy	Die Person, mit der man ein Kind hat
Beef	To have beef with someone = großen Ärger mit jemandem haben

Benjamins	Hundertdollarscheine, sind mit Benjamin Franklins Gesicht bedruckt.
Chrome	Pistolen
Dead Presidents	Geldscheine, Papiergeld
Digits / Math	Telefonnummer
Fasho	For sure = Sicher! Absolut!
Fly / Fly Girl / Fly Guy	Eine schnieke, gutaussehende Person
Foreally, Forealz, Forilla, Foraldo	Slang für »for real«, »Wirklich!«
Ghetto Bird	Polizeihubschrauber
Holla	Anrufen, kontaktieren
Hood	Abkürzung für Neighborhood, hier eher »Kiez«
Hustler	Jemand, der immer dabei ist, (noch mehr) Geld zu machen, und der alles dafür tut, ob legal oder illegal.
Ice	Diamantenschmuck
Iron Horse	U-Bahn

Jack	1. Jemanden ausrauben oder ein Auto stehlen. 2. Kumpel
Jammy	1. Penis 2. Pistole
Jimmy and Jenny	Die männlichen und weiblichen Geschlechtsorgane. Zum männlichen wird auch »Jimbrowski« gesagt, und ein »Jimmy hat« (Jimmy-Hut) ist ein Kondom.
Kicks	Turnschuhe, Tennisschuhe
Kickin	Gut, großartig, toll, super
Mack	Frauenheld
Mami	Spanisches Wort, ausgesprochen wird es Mommy: ein hübsches Mädchen
Money	Kumpel (Bsp.: »wasup money«)
Onion	Runder, großer Po
Paper	Geld
Peace	»Frieden!« – respektvolle Art, sich zu verabschieden
Phat, Fat	Extracool

Pop	Jemanden erschießen
Saggin'	Seine Hose sehr tief tragen, ohne Gürtel. Dieser Stil kommt aus dem Gefängnis, wo es den Insassen nicht erlaubt ist, einen Gürtel zu tragen.
Son	»Sohn« = Allgemeine Anrede für einen Freund oder auch Fremden auf der Straße
Slammin'	Toll, zum Beispiel ein Auto oder Mädchen: »Damn that mami's body is slammin'!«
Straight	Everything is straight = Alles ist OK. »I am straight« = Ich bin okay, nichts ist passiert.
Tax	Rauben, Geld klauen
Thug	Gangster, Ganove, fieser Typ
Toy Cop	Security Guards
Wack	Schlecht, Schrott
Wangsta / Wanksta	Möchtegern-Gangster
Wax	1. LP, Platte 2. Ausdruck für Sex oder Streit

| Writer | Graffiti-Sprayer |
| Xerox | Nachmacher |

Religionen in New York City

Darf's ein bisschen mehr sein?

In New York werden offiziell 63 Religionen ausgeübt. Und das passiert in hunderten Gemeinden. Am häufigsten vertreten sind die Katholiken mit über einer halben Million Anhängern, danach kommen die Juden mit über 300 000 Gläubigen, und an dritter Stelle die Muslime mit über 200 000 Anhängern. Danach kommen vor allem die Anhänger von unterschiedlichsten Abspaltungen diverser christlicher Glaubensrichtungen. Selbst die Baptisten teilen sich in fünf unterschiedliche Kirchen auf, die sich durch feine Unterschiede auszeichnen:

- Die Baptisten in den USA
- die Südlichen Baptisten in den USA

- die Konservative Baptistenvereinigung Amerikas
- die »Baptist General Conference«
- die »General Association of Regular Baptist Churches«.

Die verwirrendste Gemeinde ist die »Amerikanisch-Karpatho-Russisch-Orthodoxe-Griechisch-Katholische Kirche« (American Carpatho-Russian Orthodox Greek Catholic Church). Da ist das Schild breiter als der Gemeinderaum. Die Gemeinde der Gläubigen an das fliegende Spaghettimonster ist wohl die einzige, die noch keine Kirche in New York besitzt.

Mehr Kirchen als Kneipen

Die Vielfalt der Religionen schlägt sich auch im Straßenbild nieder: In so mancher Straße sind gleich mehrere Kirchen zu Hause. Allerdings darf man keinen Kölner Dom erwarten: Viele Kirchengemeinden praktizieren in recht schäbigen Wohnhäusern, nur die großen, illuminierten Schilder weisen darauf hin, dass hier tatsächlich eine Kirche beherbergt ist. Sonntags sind viele Straßen mit ohrenbetäubendem Krach erfüllt, weil aus mehreren Kirchen gleichzeitig eine wilde Mischung aus Gesang, Hammondorgel und E-Gitarre dringt. Ob das den Glauben stärkt? Ohrstöpsel gibt es jedenfalls im Deli (dem typischen

New Yorker Tante-Emma-Laden) an jeder Ecke zu kaufen. Der hat sonntags ebenfalls geöffnet.

Die größte Kirche

New York Citys größte Kirche ist die Cathedral Church of Saint John the Divine. Diese Kathedrale, deren Grundstein 1892 gelegt wurde, ist gotischen Stils und die größte der Welt. Und das, obwohl sie nur zu zwei Dritteln fertiggestellt wurde.

Mit 11 240 m^2 Grundfläche, einem Volumen von 476 350 m^3 und einer Länge von 183,2 m ist sie die größte anglikanische Kirche, und nach dem Petersdom, der Basilika Notre-Dame de la Paix und der Kathedrale von Sevilla die viertgrößte christliche Kirche der Welt. Hier ist es immer spannend: Es gibt eine jährliche Segnung von Fahrrädern und Haustieren mit ordentlich Weihwasser. Auch der Beerdigungsgottesdienst für den großartigen Jazzmusiker Duke Ellington fand hier statt.

Mitgliederzahlen der Kirchengemeinden

Katholische Kirche
110 Gemeinden, 564 505 Mitglieder
Juden
102 Gemeinden, 314 500 Mitglieder

Muslime
16 Gemeinden, 223 968 Mitglieder
Baptisten in den USA
41 Gemeinden, 28 611 Mitglieder
Episkopalkirche
693 Gemeinden, 23 742 Mitglieder
Methodisten
21 Gemeinden, 12 900 Mitglieder
Reformierte Kirche Amerikas
9 Gemeinden, 12 439 Mitglieder
Presbyterianer
30 Gemeinden, 10 715 Mitglieder
International Churches of Christ
1 Gemeinde, 7 868 Mitglieder
Gemeinschaft der Siebenten-Tags-Adventisten
15 Gemeinden, 6 339 Mitglieder
Armenisch-Apostolische Kirche / Catholicossate Etchmiadzin
3 Gemeinden, 6 272 Mitglieder
Assemblies of God (Pfingstler)
43 Gemeinden, 6 019 Mitglieder
Griechisch-Orthodoxe Diözese Amerikas
11 Gemeinden, 5 403 Mitglieder
Evangelisch-Lutherische Kirche
18 Gemeinden, 4 725 Mitglieder
Vereinigte Kirche Christi
13 Gemeinden, 4 104 Mitglieder

Serbisch-Orthodoxe Kirche
1 Gemeinde, 4 000 Mitglieder
Mormonen
10 Gemeinden, 3 825 Mitglieder
Unitarische Universalistische Vereinigung
3 Gemeinden, 2 132 Mitglieder
**Presbyterianische Kirche in Amerika
(gesondert von den Presbyterianern)**
4 Gemeinden, 1 635 Mitglieder
**Südliche Baptisten in den USA
(Southern Baptist Convention)**
15 Gemeinden, 1 634 Mitglieder
Lutheraner
4 Gemeinden, 1 588 Mitglieder
Baha'i
1 Gemeinde, 1 570 Mitglieder
Christliche und Missionarische Allianz
7 Gemeinden, 1 411 Mitglieder
**Armenisch-Apostolische Kirche / Catholicossate of
Cilicìa**
1 Gemeinde, 1 400 Mitglieder
Herrnhuter Brüdergemeine
2 Gemeinden, 1 211 Mitglieder
Gemeinden Christi
7 Gemeinden, 999 Mitglieder
Kirche Gottes (Cleveland, Tennessee)
8 Gemeinden, 980 Mitglieder

Christian Church (Disciples of Christ)
4 Gemeinden, 823 Mitglieder
Heilsarmee
6 Gemeinden, 751 Mitglieder
Ukrainisch-Orthodoxe Kirche der USA
3 Gemeinden, 693 Mitglieder
Bulgarisch-Orthodoxe Diözese der USA
1 Gemeinde, 600 Mitglieder
Konservative Baptistenvereinigung Amerikas
4 Gemeinden, 590 Mitglieder
Orthodoxe Kirche in Amerika: Römisch-Orthodoxes Episkopat Amerikas
1 Gemeinde, 500 Mitglieder
Die Kirche des Nazareners
5 Gemeinden, 432 Mitglieder
Orthodoxe Kirche in Amerika: Territoriale Diözese
3 Gemeinden, 421 Mitglieder
Baptist General Conference
1 Gemeinde, 418 Mitglieder
Amerikanische Karpatho-Russisch Orthodoxe Griechisch Katholische Kirche
2 Gemeinden, 416 Mitglieder
Universal Fellowship of Metropolitan Community Churches
1 Gemeinde, 416 Mitglieder
Christian Churches und Churches of Christ
6 Gemeinden, 318 Mitglieder
Wesleyanische Kirche
1 Gemeinde, 160 Mitglieder

Kirche des Gottes der Prophezeiung
2 Gemeinden, 154 Mitglieder

Mennonitische Freikirche der USA
4 Gemeinden, 152 Mitglieder

Vineyard USA
1 Gemeinde, 144 Mitglieder

Methodistische Freikirche Nordamerikas
1 Gemeinde, 137 Mitglieder

Die Quaker
2 Gemeinden, 115 Mitglieder

International Council of Community Churches
1 Gemeinde, 115 Mitglieder

General Association of Regular Baptist Churches
1 Gemeinde, 99 Mitglieder

Kirche Gottes (Anderson, Indiana)
2 Gemeinden, 95 Mitglieder

Community Church of Christ
2 Gemeinden, 74 Mitglieder

International Church of the Foursquare Gospel
1 Gemeinde, 50 Mitglieder

International Pentecostal Holiness Church
1 Gemeinde, 40 Mitglieder

Conservative Congregational Christian Conference
1 Gemeinde, 29 Mitglieder

The Evangelical Covenant Church
1 Gemeinde, 28 Mitglieder

Für die folgenden Gemeinden sind keine Mitglieder-
zahlen bekannt:

Buddhisten
43 Gemeinden
Hindus
10 Gemeinden
Russisch Orthodoxe Kirche außerhalb Russlands
3 Gemeinden
Sikhs
2 Gemeinden
Jainisten
1 Gemeinde
Taoisten
1 Gemeinde
Patriarchal Parishes of the Russian Orthodox Church in the USA
1 Gemeinde
Calvary Chapel Fellowship Churches
1 Gemeinde
Reformed Baptist Churches
1 Gemeinde
Zoroastrier, bzw. Zarathustrier
1 Gemeinde

Wer bei den Mitgliedszahlen zum Beispiel der Quaker in New York dringend auf dem neuesten Stand
bleiben möchte, findet diese unter www.city-data.
com/county/religion/New-York-County-NY.html

Die zehn spannendsten Paraden

African American Day Parade

Findet jeden September in Harlem statt. Mit Teilnehmern aus mindestens zwölf Staaten ist es eine der größten afroamerikanischen Paraden weltweit. Stolz zelebriert werden die afrikanischen Wurzeln und Traditionen. Mit Blaskapellen, Tanzgruppen, Trachten und Vereinen.

New York's Village Halloween Parade

50 000, nein, nicht Zuschauer, sondern Teilnehmer machen bei dieser abgefahrenen Halloween-Parade mit, bei der die noch viel zahlreicheren Zuschauer die innovativsten und albernsten Kostüme des Jahres sehen können. Voraussetzung ist, dass alle Verkleidungen selbstgemacht sind – auch hier lassen sich die New Yorker nicht lumpen. Die Kostüme sind bunt, der Humor tiefschwarz: Krankenschwester und Cowboy? So wird nicht einmal der Hund verkleidet: Hier geht man als Sofa, Auge, Fahrkartenautomat. Ja, auch Jesus am Kreuz war schon dabei.

The Annual Tompkins Square Halloween Dog Parade

Auch Fußhupen und kläffende Handtaschen wollen verkleidet sein. Wenigstens einen Tag im Oktober  mal nicht Mops sein müssen! Lieber Batman und Robin, Bonnie and Clyde, Obama und Hillary. Oder Madonna, Traktor und Atomreaktor? Egal: Für ihre Hunde sind die New Yorker mindestens genauso kreativ beim Kostümbasteln wie für sich selbst.

Mermaid Parade

Diese schräge Parade findet jedes Jahr im Juni in Coney Island auf der Strandpromenade statt: Meerjungfrauen all überall, die den Sommer mit knappen aber irren Kostümen einläuten. Männer, Frauen und Hunde quetschen sich in glitzernde Fischschwänze und bemooste Perücken, um hoffentlich am Ende zur schönsten Meerjungfrau gewählt zu werden.

St. Patrick's Day Parade

Grün, grün, grün ist alles, was ich liebe, weil mein Schatz ein Jägermeister ist? Falsch. Der Schatz ist natürlich Ire! Enthusiastisch wird in New York der Saint Patrick's Day gefeiert, zu Ehren des irischen

Nationalheiligen. Plötzlich sind alle New Yorker mit ein oder zwei Genen irisch und tragen dann exzessiv die irische Nationalfarbe grün. Die vielen Irish Pubs sind dann brechendvoll, deren Besucher ebenso. Die Parade dazu startet in der 44. Straße um 11 Uhr auf der Fifth Avenue und geht bis zur 79. Straße. Irische Gruppen in ebenfalls grünen Trachten gedenken ihres Nationalheiligen St. Patrick.

Easter Parade

Nein, nicht Osterhasen, sondern schräge Hüte werden zur Osterparade vorgeführt. Wer also ulkige Kopfbedeckungen mag, darf die Parade am Ostersonntag nicht verpassen. So kann man gut die Zeit bis Halloween überbrücken. Fifth Avenue, von der 49. zur bis 57. Straße und drum herum, immer von 10 bis 16 Uhr.

Korean Day Parade

New York City hat nicht nur China Town, sondern auch Korea Town, was darauf hinweist, dass genug Koreaner in New York leben, um den koreanischen Way of Life (zum Beispiel das wunderbare koreanische Barbecue und melodiöse Karaoke-Sessions) hier ziemlich alltäglich sein zu lassen. Und weil das alles so normal ist, haben die Koreaner auch eine Parade mit Trachten und gegrilltem Bauchspeck. Paradiert wird schon seit über dreißig Jahren.

Macy's Thanksgiving Day Parade

Thanksgiving, Amerikas berühmtes Erntedankfest, wird am vierten Donnerstag im November gefeiert. Man dankt für das, was man auf den Tisch bekommt, aber auch für seine Familie, Freunde, seinen Job, sein Auto, seine Yacht. Traditionell mit einem Truthahn mit Preiselbeersoße und Süßkartoffelpüree, als Dessert gibt es Kürbiskuchen und Vanilleeis. Für einen Amerikaner ist Thanksgiving fast wichtiger als Weihnachten.

An diesem Tag veranstaltet das Kaufhaus Macy's seit 1924 seine berühmte Parade, die besonders wegen ihrer riesigen Aufblasfiguren aus Zeichentrickfilmen bei Alt und Jung beliebt ist. Die Parade startet an der Ecke der 145. Straße und der Convent Avenue und führt zur 34. Straße am Herald Square.

Steuben Parade

Jedes ordentliche amerikanische Diner führt auf seiner Speisekarte ein »Steuben Sandwich«, ein Weißbrot, das dick mit Sauerkraut und Corned Beef belegt ist. Steuben war ein deutscher General. Die durch und durch deutsche, gleichnamige Parade findet im

Dezember statt, lässt die deutsch-amerikanische Freundschaft hochleben und lockt Millionen von Menschen mit knallbunten Umzugswagen, Trachten, Chören, Tanzformationen, Musikbands und kulturellen Vereinen an. Manche davon kommen eigens für die Parade aus Deutschland, der Schweiz und anderen deutschsprachigen Ländern. Immerhin haben 29 % der Amerikaner deutsche Vorfahren. Sandra Bullock und Leonardo DiCaprio haben eine deutsche Oma, Jeanserfinder Levi Strauss aus Franken kennt auch fast jeder.

Friedrich Wilhelm Baron von Steuben (1730 – 1794) war ein hochdekorierter preußischer General unter Friedrich dem Großen. 1777 ging Steuben nach Nordamerika. Als Stabschef und Inspektor unter General George Washington trug Steuben dazu bei, die Ausbildung, Organisation und Disziplin der Truppen im Amerikanischen Unabhängigkeitskrieg voranzutreiben – das britische Empire wurde besiegt.

New York Dance Parade

Ballett ist groß in New York. Deswegen hat der Tanz auch seine eigene Parade: die New York Dance Parade. 5 000 Tänzer und Massen an Fans feiern die Kultur der Tanzbewegung, die keine Altersgrenzen kennt. In Pirouetten, im Rumbaschritt oder Moonwalk wird am Broadway von der 28. Straße bis zum Tompkins Square Park gebauch- und gebreaktanzt.

Die Paradenhochburg hat noch viele andere Umzüge zu bieten; jeder hat einen anderen Paradengeschmack, und in dieser Liste der Top-Paraden konnte nicht jede genannt werden. Damit also niemand enttäuscht ist:

Es gibt noch die National Tartan Day Parade, die Greek Independence Day Parade, die New Yorker Persian Parade, die Universal Hip-Hop-Parade und viele mehr. Eigentlich könnte New York ein paar Paraden abgeben. An Cuxhaven zum Beispiel. Da gibt es, soviel ich weiß, keine einzige Parade. Falls ich falschliege, freue ich mich über einen Leserbrief.

Die zehn spaßigsten Events

Fleet Week

Ahoi! Jedes Frühjahr legen eine Woche lang die großen Schiffe an, und die Stadt ist voller schöner Marine-Soldaten in ihren blitzweißen Ausgehuniformen. Die heterosexuellen männlichen New Yorker und Touristen schauen sich in der Zeit Kriegsschiffe an, alle anderen genießen lieber den hübsch anzusehenden Männerüberschuss.

Kennel Westminster Dog Show

Hundeschau vom Feinsten im Madison Square Garden. Der Mops darf wieder Mops sein. Der Pelz ist frisch geföhnt, die Krallen wurden gerade noch in  einer ausführlichen Maniküre gepimpt, Herrchen und Frauchen sind mit selbstgebackenem Hundekuchen ausgestattet. Jetzt noch einen Preis gewinnen, schon lebt es sich wieder wie ein Hund!

Fashion Week

»Germany's next Topmodel« ist dagegen eine Provinzmodenschau. Jeweils im Frühjahr und im Herbst finden in Manhattan Modenschauen statt, die die Stadt mit Models und Fashionistas und -tos überschwemmen. Schließlich soll der »normale« New Yorker auch was zum Schauen haben. Wenn bei strömenden Regen Gazellenbeine mit pink lackierten High Heels über Pfützen springen und um einen herum die Leute mal nicht nur schwarz gekleidet sind, sondern irgendwie modisch, dann weiß man: Die Fashion Week ist in vollem Gange. Vorsicht: Nicht mit Halloween verwechseln.

Museum Mile Festival

Straßenfest, anlässlich dessen die meisten Museen freien Eintritt gewähren und viele Aktionen anbieten, auch gerne mit Live-Musik.

Weihnachtsbaumbeleuchtungsanzünden vor dem Rockefeller Center

Ah und Oh! Mehr muss man dazu nicht sagen. Dann brennt der Baum. Danach eine Runde Eislaufen zu »I'm Dreaming of a White Christmas«.

Central Park Moonlight Ride

Einmal des Nachts in den Central Park! Was sonst ein No-Go ist – nach ein Uhr nachts wird man von freundlichen Polizisten hinausbegleitet – wird jedes Jahr an einem Tag im März aufgehoben. Fahrradfahrer aller Altersgruppen radeln im Dunkeln durch den Central Park und dürfen sich sicher fühlen, sollten sich aber nicht gegenseitig in die Speichen treten, sonst passiert doch wieder was.

Sterneschauen am Dienstag

Jeden Dienstag können auf der stillgelegten und zum Park umfunktionierten überirdischen U-Bahn-Strecke High Line die Sterne beobachtet werden, dank der von der Amateur Astronomers Association gesponserten Teleskope.

Pride Weekend

Jeden Juni wird es regenbogenfarben: Schwule, Lesben, Transgender aber auch zahlreiche Heteros feiern ausgelassen, dass in New York jeder die Freiheit hat, seine persönliche Identität und Sexualität frei auszuleben. Mit Paraden, Partys und Glitzer, Glitzer, Glitzer. Natürlich ist das Pride Weekend auch eine politische Aktion: Die Teilnehmer kämpfen weiter für ihre Rechte.

Big City Fishing

Angeln für Großstädter im Hudson River Park im Juni. Es werden Kurse angeboten, damit man locker lernen kann, wie man ganz cool die Angel auswirft. Und das alles, ohne die Stadt verlassen zu müssen, immer mit einem Coffee-to-go in der Hand.

Shakespeare in the Park

Theater umsonst und draußen im Juni und Juli. Obwohl die Vorführungen gratis sind, muss man sich früh für Tickets anstellen, darf dann aber bestes

Theater mit so manchem Hollywoodschauspieler im Central Park genießen.

Born in NYC

Viele zieht es nach New York, um endlich berühmt zu werden. Aber viele Berühmtheiten sind bereits im Big Apple geboren: Es muss wohl die inspirierende New Yorker Luft sein, die einen manchmal sogar berühmt machen kann.

Jennifer Lopez wurde 1969 in der Bronx geboren. Sie ist auch als »J. Lo« bekannt und ist eine erfolgreiche Sängerin (u.a. »Jenny from the Block« 2002, »On the Floor« 2011), Tänzerin und Schauspielerin in zuweilen schnulzigen Hollywoodstreifen.

Charlie Sheen kam 1965 in New York zur Welt und ist Schauspieler, insbesondere kennt man ihn als Protagonist »Charlie Harper« in der US-Sitcom »Two and a Half Men« (2003–2011). Die Drogeneskapaden und das narzisstische Verhalten seiner Figur nahm er auch in sein echtes Leben mit und verursachte den einen oder anderen Skandal.

Michael Jordan wurde 1963 in Brooklyn geboren. »Air Jordan« ist ein ehemaliger Basketballspieler und als Spieler der Chicago Bulls (1984–1993, 1995–1998) einer der populärsten Basketballer der NBA. Er gilt als einer der erfolgreichsten Sportler weltweit.

Sylvester Stallone wurde 1946 in New York geboren und ist Schauspieler, Regisseur und Drehbuchautor. Mit seiner Paraderolle als Boxer Rocky Balboa im Film »Rocky« (1976, fünf Fortsetzungen) wurde er weltberühmt. Bekanntestes Filmzitat: »Es kommt im Leben nicht darauf an, wie viel du austeilst, sondern darauf, wie viel du einstecken kannst!«

Robert De Niro wurde 1943 geboren. De Niro ist Schauspieler (u. a. »Der Pate II« 1974, »Wie ein wilder Stier« 1980, »Goodfellas« 1990), Filmregisseur, Produzent (u. a. »The Good Shepherd« 2006) und zweifacher Oscar-Preisträger. Bis jetzt.

Joan Baez wurde 1941 in Staten Island geboren. Die Songs der Folksängerin und Songwriterin (u. a. »We Shall Overcome«, »The Night They Drove Old Dixie Down«) sind bis heute international beliebte Lagerfeuerhymnen. Neben ihrer Musik ist sie seit den 1960er Jahren für ihr politisches Engagement bekannt.

Al Pacino wurde 1940 in Manhattan geboren. Er ist Schauspieler (u. a. »Der Pate« 1972, »Serpico« 1973,

»Der Duft der Frauen« 1993), Filmschaffender und Oscar-Preisträger.

Jack Nicholson wurde 1937 geboren. Er wurde als Schauspieler in Filmen wie »Einer flog über das Kuckucksnest« (1975), »Zeit der Zärtlichkeit« (1983), »Besser geht's nicht« (1997) und »About Schmidt« (2002) berühmt und ist mit drei Oscars sowie zwölf Nominierungen Rekord-Oscar-Preisträger.

Woody Allen wurde 1935 in Brooklyn geboren. Er ist einer der berühmtesten US-amerikanischen Komiker, Filmregisseur, Drehbuchautor und Schauspieler (u. a. »Annie Hall«, »Der Stadtneurotiker« 1977) sowie Musiker und mehrfacher Oscar-Preisträger.

Peter Falk. Der Schauspieler und Filmproduzent Peter Falk (1927–2011) wurde durch seine Rolle als Kommissar in der Krimiserie »Columbo« (1971–1978, 1989–2003) bekannt.

Humphrey Bogart (1899–1957) zählt zu den großen Filmlegenden der USA und ist Oscar-Preisträger. Er ging u. a. mit seinen Rollen in »Casablanca« (1942) und »African Queen« (1951) in die Kinogeschichte ein.

Al Capone (1899–1947) wurde in Brooklyn geboren. Er ist der bekannteste Mafioso der Welt und war zur Zeit der Prohibition in den Zwanziger- und Dreißigerjahren Anführer eines Gangster-Syndikats.

Billy the Kid (1859–1881) war ein legendärer Gesetzloser und einer der berühmtesten Figuren des »Wilden Westens«. Er war im Lincoln-County-Rinderkrieg zwischen Ranchern und Geschäftsleuten um die Vormachtstellung bei der Nahrungsmittelversorgung involviert und soll zahlreiche Morde begangen haben.

Noch mehr Berühmtheiten

Egal welche Branche, die folgenden Listen zeigen nur eine kleine Auswahl der Größen, die aus New York City stammen. Es sind einfach zu viele. Auch das macht die Stadt so besonders – sie ist nicht einfach nur groß, sie hat auch unglaublich viele kreative, intellektuelle, talentierte und nicht zuletzt fleißige Menschen hervorgebracht.

New Yorker Filmschaffende

- Stanley Kubrick (1928–1999)
- Michael Landon (1936–1991)

- Martin Scorsese (geb. 1942)
- Eddie Murphy (geb. 1961)
- Adam Sandler (geb. 1966)
- Vin Diesel (geb. 1967)

Bekannte Musiker aus New York

- George Gershwin (1898–1937)
- Maria Callas (1923–1977)
- Neil Diamond (geb. 1941)
- Art Garfunkel (geb. 1941)
- Jennifer Rush (geb. 1960)
- 50 Cent (geb. 1975)
- Lady Gaga (geb. 1986)

Schriftsteller aus New York

- Herman Melville (1819–1891)
- Eugene O'Neill (1888–1953)
- Arthur Miller (1915–2005)
- J. D. Salinger (1919–2010)
- Mario Puzo (1920–1999)
- Susan Sontag (1933–2004)

New Yorker Wissenschaftler

- Gertrude B. Elion (1918–1999)
- Richard Feynman (1918–1988)

- Melvin Schwartz (1932 – 2006)
- Carl Sagan (1934 – 1996)

Bekannte Künstler und Designer

- Louis Comfort Tiffany (1848 – 1933)
- Lyonel Feininger (1871 – 1956)
- Roy Lichtenstein (1923 – 1997)
- George Segal (geb. 1924)
- Ralph Lauren (geb. 1939)
- Calvin Klein (geb. 1942)

Bekannte Denker aus New York

- Milton Friedman (1912 – 2006)
- Alan Greenspan (geb. 1926)
- Peter A. Diamond (geb. 1940)
- Janet Yellen (geb. 1946)
- Martha Nussbaum (geb. 1947)
- Alvin E. Roth (geb. 1951)

Persönlichkeiten aus New York

- William James Sidis (1898 – 1944)
- Nancy Reagan (1921 – 2016)
- Linda McCartney (1941 – 1998)
- Henry Hill (1943 – 2012)

Bekannte Sportler

- Alexander Cartwright (1820–1892)
- Gertrude Ederle (1906–2003)
- Bob Beamon (geb. 1946)
- Kareem Abdul-Jabbar (geb. 1947)
- Mike Tyson (geb. 1966)

Unternehmer aus New York

- Peggy Guggenheim (1898–1979)
- Estée Lauder (1906–2004)
- Jean Nidetch (1923–2015)
- Dennis Tito (geb. 1940)
- Larry Ellison (geb. 1944)
- Howard Schultz (geb. 1953)

… Und NOCH mehr Berühmtheiten aus New York!

Christina Aguilera, Lauren Bacall, Harry Belafonte, Adrien Brody, James Cagney, Sofia Coppola, Macaulay Culkin, Sammy Davis Jr., Lana Del Rey, Robert Downey Jr., David Duchovny, Jane Fonda, Peter Fonda, Rudolph Giuliani, Cuba Gooding Jr., Jennifer Grey, Anne Hathaway, Rita Hayworth, Paris Hilton, Jay Z, Billy Joel, Danny Kaye, Alicia Keys, Larry King, Lenny Kravitz, Cyndy Lauper, Lee Marvin,

Chico Marx, Groucho Marx, Gummo Marx, Harpo Marx, Bobby McFerrin, Yehudi Menuhin, Robert Oppenheimer, Colin Powell, Christopher Reeve, Mickey Rooney, Susan Sarandon, Tony Curtis, Christian Slater, Barbara Stanwyck, Ben Stiller, Oliver Stone, Christopher Walken, Sigourney Weaver, Mae West, John Williams.

Wer gar nicht genug von berühmten New Yorkern bekommen kann, kann hier weiterstöbern: http://geboren.am/orte/nordamerika/usa/new-york/new-york-city

Berühmte Frauen aus New York, die noch viel zu unbekannt sind

Emily Warren Roebling (1843–1903), Brückenbauerin

Als der Bau der Brooklyn Bridge gerade begonnen hatte, erkrankte der Chefingenieur Washington Roebling schwer an der Taucherkrankheit, die mit einer Lähmung einherging. Seine Frau Emily Warren Roebling führte erst aus, was er ihr auftrug, doch bald wuchs sie in die Chefrolle bei der Fertigstellung New Yorks erster großer Brücke hinein. Zur Einweihungsfeier durfte sie als Erste über die Brücke gehen.

Eleanor Roosevelt (1884–1962), Politikerin
Noch bevor sie Präsidentengattin wurde, hatte Eleanor Roosevelt als Sozialarbeiterin in Manhattans Slums viel bewegt. Sie war ihrem Mann eine wichtige Ratgeberin. Nach seinem Tod wurde sie die erste US-Delegierte der USA bei den Vereinten Nationen.

Margaret Sanger (1879–1966), Rebellin
Als Krankenschwester wollte sie zunächst den vielen Frauen in der Lower East Side helfen und ihnen durch eine bessere Geburtenkontrolle noch mehr Armut ersparen. 1917 eröffnete sie die erste Klinik für Geburtenkontrolle in Brooklyn und landete dafür im Gefängnis. Sie ist die Mutter von »Planned Parenthood« und hatte Einfluss auf die Entwicklung von Familienberatungsstellen weltweit.

Dorothy Schiff (1903–1989), Verlegerin
Von 1939 bis 1970 war Dorothy Schiff Inhaberin der »New York Post« und formte die redaktionelle Stimme der Zeitung durch ihre scharfen, links angelehnten Ansichten und ihr gutes Händchen für hervorragende Redakteure. Sie verwandelte das einst lahme Blättchen in New Yorks erfolgreichstes Boulevard-Blatt. Ihre Entscheidung, es 1976 an Rupert Murdoch zu verkaufen, führte zu großen redaktionellen Veränderungen, die Zeitung setzt seitdem auf

wesentlich sensationsheischendere Themen als zu Schiffs Zeiten.

I ❤ NY – die Geschichte eines Logos

Der legendäre Graphikdesigner Milton Glaser hat 1977 ein Logo entworfen, das er der Stadt New York gratis zur Verfügung gestellt hat. Hätte er für jede Verwendung auch nur einen Cent genommen, er wäre inzwischen mehrfacher Millionär oder gar Milliardär: Er hat das I LOVE NY, bzw. I ❤ NY-Logo erfunden. Das weiße T-Shirt mit der schwarzen Typo und dem roten Herzen ist weltweit DAS Symbol für die Liebe zu New York geworden. Natürlich gibt es etliche getürkte Versionen, die graphikaffinen Menschen in den Augen weh tun, aber genauso eifrig gekauft werden.

Nach den Anschlägen auf das World Trade Center am 11. September 2001 entwarf Milton Glaser eine Variante seines Logos, die die Trauer und das Entsetzen einfach aber eindrücklich zum Ausdruck bringt: Das Herz im Logo ist beschädigt und rußgeschwärzt. Die Botschaft: Die Liebe der New Yorker und vieler anderer Menschen zu New York kann man nicht angreifen, jetzt erst recht nicht.

Wo überall I 💜 NY draufsteht

- T-Shirts
- Tassen
- Kapuzenpullis
- Schnapsgläser
- Babystrampler
- Haarbürsten
- Bleistifte, Kugelschreiber, Füller
- Tabletts
- Teddybären
- Handtaschen
- Aufkleber
- Feuerzeuge
- Kondome (die werden übrigens an den Unis gratis verteilt ...)
- Weihnachtskugeln
- Parfüm (für 190 Dollar)
- Stringtangas
- Schirmmützen
- Schlafanzüge
- Schlüsselanhänger
- Regenschirme
- Einkaufstüten
- Schürzen
- Hundepullover
- Notizzettel
- Crocs

- Krawatten
- Kopfhörer
- Tischdecken
- Schneekugeln
- Mauspads
- Hundetrinknäpfe
- Billardkugeln
- Kuscheldecken

Humor in New York

Die Autoren von »The Humor Code: A Global Search for What Makes Things Funny« listet New York als sechstlustigste amerikanische Stadt, hinter Chicago, Boston, Atlanta, Washington und Portland, Oregon. Die meisten New Yorker werden nun beleidigt sein, dass es nur der sechste und nicht der erste Platz geworden ist.

Es gibt viele Orte in New York, an denen man einen guten Witz hören kann – die Stadt ist die Heimat von »Saturday Night Live«, »The Late Show« und »The Tonight Show«. New York beheimatet außerdem die Upright Citizens Brigade, die einige der größten Namen der Comedyszene hervorgebracht hat.

Außerdem gibt es kaum klügere, absurdere und schrägere Cartoons als die, die in der Zeitschrift »The New Yorker« erscheinen, auch auf dem Cover.

Und was ist mit der Stand-up-Szene? Es gibt den Comedy Cellar, in dem oft berühmte Komiker wie Chris Rock und Jerry Seinfeld vorbeischauen, um an neuem Material zu arbeiten. Das Musical »Carolines« am Broadway ist seit mehr als dreißig Jahren ein Comedy-Wahrzeichen. Und im Gotham Comedy Club hatte Amy Schumer im Jahr 2004 ihren ersten Stand-up-Auftritt.

Witze von New Yorker Comedians über ihre Lieblingsstadt

Emo Philips: »New York ist eine wunderbare Stadt. Obwohl, heute war ich in der Bibliothek. Der Mann dort war sehr unfreundlich. Ich sagte: ›Ich möchte einen Ausweis.‹ Er sagte: ›Sie müssen beweisen, dass Sie ein New Yorker Bürger sind.‹ Ich habe ihn dann erstochen.«

David Letterman: »Nach Angaben des Zentrums für Krankheitskontrolle ist die größte Einzelübertragung tödlicher Keime ein Händedruck. Sie haben Glück, denn die beliebteste Form der Begrüßung hier in New York ist der Mittelfinger.«

Jimmy Kimmel: »Ein neues Projekt für Eigentumswohnungen in New York verlangt eine Million Dollar für einen Parkplatz. Eine Million Dollar, um ein

Auto zu parken – wäre es nicht billiger, jeden Tag für den Rest seines Lebens einen Strafzettel zu kassieren und man parkt, wo man will?«

Jimmy Fallon: »Bürgermeister de Blasio sagt, er möchte den Central Park von Pferdekutschen befreien, weil die Tiere nicht artgerecht gehalten werden. Inzwischen melden sich Tausende von arbeitslosen New Yorkern: ›Ich ziehe die Kutsche. Was krieg ich die Stunde?‹«

Das UNO-Hauptquartier, Hauptsitz der Vereinten Nationen
Von Stararchitekt Le Corbusier mitentworfen, 1952 von der UN bezogen. Seit 2008 in so einem schlechten baulichen Zustand, dass die UN-Versammlung bis 2016 in einem provisorischen Wellblechbau tagen musste. Die Sanierung ist in vollem Gange.

■ Geschichte ■

Die folgende Zeitleiste entstand mit freundlicher Unterstützung von www.newyork.de.

1524 Der italienische Seefahrer Giovanni da Verrazano erkundet als erster Europäer das heutige New York.

1609 Die Holländische Westindische Kompanie entsendet Henry Hudson, der in der New York Bay landet und dem später nach ihm benannten Fluss stromaufwärts folgt.

1613 Das Gebiet des heutigen New Yorks wird weiter erkundet. Der Niederländer Adriaen Block überwintert mit seiner Crew auf Manhattan. Manhattan heißt damals Nieuw Nederland, Neu-Holland.

1621 Die Holländische Westindische Kompanie erwirbt die Handelsrechte für das Gebiet, das sich von Cape May (New Jersey) bis nach Neuengland erstreckt.

1624 Die ersten Auswanderer aus Europa (ca. dreißig wallonische Familien) siedeln sich in Nieuw Nederland an, nennen ihre Siedlung an der Südspitze Manhattans passenderweise Nieuw Amsterdam und sichern ihr Einkommen durch den Handel mit Pelzen.

1626 Peter Minuit, ein deutscher Kaufmann aus Wesel, erwirbt von dem einheimischen Stamm der Lenni-Lenape-Leuten für sechzig Gulden (ca. 24 Dollar) die Insel Manhattan. Minuit wird der erste Gouverneur der Insel.

1639 Der Däne Johannes Bronck läßt sich nördlich von Manhattan nieder und wird zum Gründer der Bronx.

1649 Peter Stuyvesant wird von der Holländischen Westindischen Kompanie als Gouverneur nach Nieuw Amsterdam geschickt. Stuyvesant beginnt mit einer gezielten Siedlungsplanung und erlässt strenge Gesetze. Als Protestant versucht er die Einwanderung von Juden und englischen Quäkern zu verhindern. Unter Stuyvesant werden Tausende Menschen westafrikanischer Herkunft versklavt.

1653 Nieuw Amsterdam dehnt sich im Süden Manhattans aus. Stuyvesant lässt im Norden einen Schutzwall errichten (die heutige Wallstreet), die Straßen in der Siedlung befestigen und ein Krankenhaus errichten. Er beugt sich dem Druck der Westindischen Kompanie, zu deren Aktionären auch reiche Amsterdamer Juden gehören, und erlaubt die

Einwanderung von Juden. Die Einwohnerzahl steigt auf 1 500 Menschen.

1655 Die Kämpfe mit den indigenen Völkern Nordamerikas nehmen zu und eskalieren im »Pfirsichkrieg«: Eine amerikanische Ureinwohnerin wird beim »Diebstahl« von Pfirsichen überrascht und erschossen, was zu einer blutigen Rache ihres Stammes führt. Fast dreißig Farmen werden zerstört, über hundert Siedler getötet und ebenso viele verschleppt.

1664 Im Auftrag von James, Duke of York (und Bruder des englischen Königs), landet Richard Nicolls mit 450 Soldaten in Brooklyn. Stuyvesant muss sich kampflos geschlagen geben. Nicolls wird Gouverneur und nennt die Siedlung New York. Unter den Engländern entwickelt sich New York vom Handelsplatz zu einer Stadt.

1685 Die ersten französischen Hugenotten treffen in New York ein, um ihrer Verfolgung in Frankreich zu entgehen.

1688 New York wird in den Staatenbund New England aufgenommen.

18. Jahrhundert

1725 Die erste Zeitung New Yorks – »The New York Gazette« – wird von der Britischen Regierung veröffentlicht.

1765 England siegt in Kriegen gegen die Franzosen und die indigenen Völker Nordamerikas. Um die Kriegskosten zu decken, werden Importsteuern auf Zuckersirup erhoben – bekannt als »Sugar Act«.

1775 In Lexington, Massachusetts, beginnt der amerikanische Unabhängigkeitskrieg. Während die Unabhängigkeitserklärung in New York verlesen wird, stoßen Demonstranten die Statue von König George III. vom Sockel.

1776 New York unterzeichnet den Unabhängigkeitsvertrag. Ein Großbrand zerstört weite Teile der Stadt.

1777 wanderte der Deutsche Friedrich Wilhelm von Steuben in die USA aus. Als Offizier wird er im Auftrag General Washingtons nach Amerika geholt und macht sich dort um die Ausbildung der amerikanischen Kontinentalarmee verdient.

1778 Der zweite Großbrand zerstört Teile von New York.

1783   Mit dem Frieden von Paris wird die Unab-
       hängigkeit der Vereinigten Staaten besiegelt.
       Am Jahresende ziehen sich die britischen Be-
       satzer aus New York zurück.

1784   Johannes Jakob Astor aus Waldorf in Deutsch-
       land kommt mit 25 Dollar und sieben Flöten
       in den USA an. Als begnadeter Kaufmann
       machte er später ein Vermögen und avanciert
       zum reichsten Mann des Landes. Er begrün-
       det eine Familiendynastie und das weltbe-
       rühmte New Yorker Hotel Waldorf Astoria.

1788   New York wird Hauptstadt des gleichnami-
       gen Bundesstaates und der Vereinigten Staa-
       ten von Amerika.

1789   Am 30. April wird George Washington ein
       Jahr nach der Ratifizierung der Verfassung
       der Vereinigten Staaten zum ersten Präsiden-
       ten der Vereinigten Staaten vereidigt und hält
       seine Antrittsrede.

1790   New York City verliert seine Rolle als Haupt-
       stadt an Philadelphia.

19. Jahrhundert

1807   Das erste durch Dampf angetriebene Schiff – das Northern River Steam Boat – nimmt seinen Betrieb zwischen New York und Albany auf.

1810   New York ist Anfang des 19. Jahrhunderts zu einem Symbol für Wohlstand geworden. Die Reichen lassen sich im Norden und den Randbezirken nieder. Durch Seuchen und zunehmende Immigration – die Stadt nähert sich den 100 000 Einwohnern – ist jedoch jeder siebte New Yorker verarmt und lebt in Slums.

1811   John Randal legt den Comissioners Plan – einen städtebaulichen Entwurf – vor, der Manhattan in ein Rechteck-Raster aus dreißig Meter breiten Avenues in Nord-Süd-Richtung und 18 Meter breiten, durchnummerierten Querstraßen einteilt.

1820   Die Einwohnerzahl in NYC steigt auf über 123 000 Einwohner und macht die Stadt zur größten in den USA. Gebäude aus dieser Zeit zählen zu den ältesten erhaltenen im heutigen New York.

1827   Der Staat New York verbietet Sklaverei. Von Gleichstellung ist man aber weit entfernt: 1827 war das Wahlrecht an den Besitz gekoppelt. Nur 16 Afroamerikaner in ganz New York durften wählen.

1830 Fast vierzig Prozent des internationalen Handels der USA werden über New York abgewickelt.

1832 Die erste Eisenbahn New Yorks fährt zwischen Harlem und Downtown.

1848 Zwischen 1820 und 1860 kommen Millionen von Einwanderern in die USA. Nach den Iren sind die Deutschen als zweitstärkste Gruppe vertreten. Fast eine Million Deutsche wandern von 1842 bis 1856 ein. Mehr als 4000 von ihnen sind politische Flüchtlinge nach der gescheiterten Revolution von 1848, vor allem Akademiker. Sie ziehen ins »Little Germany«, dem heutigen East Village. Geschäfte, Fabriken und Handwerksbetriebe werden gegründet, so dass das Viertel bald »German Broadway« heißt.

1851 Die erste Ausgabe der »New York Times« wird veröffentlicht.

1858 Frederick Law Olmsted und Calvert Vaux erhalten den Auftrag zur Gestaltung des Central Parks.

1861 Der Bürgerkrieg zwischen den konföderierten Südstaaten und der Union beginnt. New York ist auf der Seite der Union. Es stehen nicht genügend Freiwillige für den Krieg zur Verfügung, die allgemeine Wehrpflicht wird eingeführt. Es kommt zu Konflikten und Aufständen, weil sich die Wohlhabenden durch die Zahlung von 300 Dollar vom Kriegsdienst freikaufen können.

1868 Die erste Hochbahn fährt auf der Greenwich Street.

1872 Das Kaufhaus Bloomingdale's wird eröffnet.

1877 A. G. Bell stellt in New York das Telefon vor.

1880 Das »Dakota Building« wird als erstes großes Apartmenthaus der Luxusklasse gebaut.

1883 Ein Wunder der Technik, die Brooklyn Bridge, wird nach 16 Jahren Bauzeit unter Mitwirkung von 600 Arbeitern eingeweiht und verbindet Brooklyn mit Manhattan. Auch die Metropolitan Opera wird eröffnet.

1886 Am 28. Oktober wird die Freiheitsstatue eingeweiht.

1891 Die Carnegie Hall wird mit einem Konzert unter der Leitung von Peter Tschaikowski eröffnet.

1892 Auf Ellis Island wird ein Einwanderungszentrum eröffnet. Bis zu seiner Schließung 1954 wandern rund 17 Millionen Immigranten über Ellis Island nach Amerika ein.

1898 Die fünf Boroughs Brooklyn, Queens, Manhattan, die Bronx und Staten Island werden zu »Greater New York« zusammengefasst.

20. Jahrhundert

1902 Das Flatiron Building wird fertig gestellt. Macy's eröffnet das erste Kaufhaus in der 34. Straße.

1904 Die IRT Subway startet die erste Fahrt von der City Hall zur West 145. Straße; Fahrtkosten: fünf Cents, Fahrzeit: 26 Minuten. Joseph Pulitzer stiftet den weltbekannten Pulitzer Prize.

1905 Die Stadt übernimmt die Staten Island Ferry.

1908 Subway-Verbindungen nach Brooklyn und in die Bronx werden gebaut. Der Metropolitan Life Tower ist mit 213 Metern das höchste Bürogebäude der Welt.

1909 John D. Rockefeller ist der erste Milliardär der Welt. Die Queensboro Bridge erhebt sich über dem East River. Ein Vorreiter der »National Association for the Advancement of Colored People« (NAACP) wird in Harlem gegründet.

1911 Im April wird ein Rekord gebrochen: Es kommen 11 745 Einwanderer auf Ellis Island an.

1912 Horn & Hardart präsentieren den ersten Automaten der Welt am Broadway.

1913 Das neue Grand Central Terminal wird eröffnet. Die »New York World« veröffentlicht das erste Kreuzworträtsel der Welt. Im Regent Theater an der 116. Straße und 7th Avenue wird das erste Kino der Welt eröffnet.

1914 Wegen des Ersten Weltkriegs wird die New Yorker Börse für sechs Monate geschlossen. Die New Yorker Näherin Mary Phelps Jacob fertigt den ersten Büstenhalter an.

1916 Nathan und Ida Handwerker eröffnen ihren legendären Hot-Dog-Stand »Nathan's« auf Coney Island. Margaret Sanger kommt ins Gefängnis, nachdem sie eine Abtreibungsklinik in Brownsville, Brooklyn, gegründet hatte.

1917 15 000 Afroamerikaner marschieren die 5. Avenue hinunter, um gegen die Rassenunruhen in East St. Louis zu protestieren.

1918 Die erste reguläre Luftpost-Route der USA wird zwischen New York und Washington, D. C. eingerichtet. 12 000 New Yorker sterben an der Spanischen Grippe, weltweit sind es über zwanzig Millionen Menschen.

1920 Das Frauenwahlrecht wird eingeführt. Das organisierte Verbrechen blüht in der Prohibition, über 32 000 illegale Kneipen existieren in New York City.

1922 Der Cotton Club in Harlem wird eröffnet, zahlreiche Jazzlegenden haben hier ihre ersten Auftritte. Obwohl fast ausschließlich Afroamerikaner auftreten, wird nicht-weißen Gästen der Zutritt zum Club verwehrt.

1923 Das Yankee Stadium wird in der Bronx eröffnet – die Mannschaft gewinnt ihre ersten World Series. The Museum of the City of New York wird eröffnet.

1925 Der Stadtplaner Robert Moses beginnt seine vierzigjährige Karriere als New Yorks Baumeister. Harold Ross veröffentlicht die erste Ausgabe des Magazins »The New Yorker«.

1927 Der Holland Tunnel wird eröffnet. Bell Telephone führt im West Street Laboratory eine neue Erfindung vor – das Fernsehen.

1929 Das Museum of Modern Art wird eröffnet. Der Aktienmarkt bricht am 29. Oktober zusammen, es folgt die große Weltwirtschaftskrise.

1931 Die George Washington Bridge wird eingeweiht. Das Empire State Building wird fertiggestellt.

1932 Die Radio City Music Hall wird eröffnet – das größte Indoor-Theater der Welt.

1933 Die Prohibition wird aufgehoben. King Kong läuft im Kino.

1934 Nelson Rockefeller lässt das von ihm in Auftrag gegebene Fresko des Künstlers Diego Rivera vernichten, weil Lenin darin abgebildet ist. Das Apollo Theater wechselt den Besitzer,

Afroamerikanern wird nun endlich der Zutritt gestattet.

1935 Harlem wird hart von der wirtschaftlichen Krise getroffen und wird das Zentrum von Unruhen.

1936 Die bis heute berüchtigte Strafanstalt auf Rikers Island wird eröffnet, sie wird auch als das »neue Alcatraz« bezeichnet.

1937 Der Lincoln Tunnel wird eröffnet.

1938 Charles F. Carlson erfindet das Xeroxverfahren in Astoria, Queens – das Kopieren. Die Science-Fiction-Radiosendung »Krieg der Welten« von Orson Welles sorgt für Panik in der Stadt.

1939 Die New Yorker Weltausstellung heißt 45 Millionen Besucher in Queens willkommen. Der North Beach (La Guardia) Airport wird gebaut, um dem Luftverkehr zur Weltausstellung gerecht zu werden.

1940 Tiffany & Co. zieht in die 57. Straße und Fifth Avenue um. Die erste Blutbank wird von Dr. Charles Drew gegründet, der selbst jedoch kein Blut spenden darf, weil er Afroamerikaner ist.

1941 Adam Clayton Powell, Jr. wird das erste afroamerikanische Mitglied des City Council.

1942 Der Schutt, der in England durch die Bombenangriffe der Deutschen übrig geblieben ist, wird als Ballast auf Schiffen nach New York gebracht und als Aufschüttungsmaterial für den East River Drive verwendet. Flipper-Automaten werden verboten.

1944   Die »Beat«-Autoren Allan Ginsberg, Jack Kerouac und William Burroughs treffen sich in New York.

1945   Das Ende des Zweiten Weltkriegs wird am 8. Mai mit dem V-E-Day (Victory in Europe Day) und am 15. August mit dem V-J-Day (Victory in Japan Day) am Times Square gefeiert.

1946   John D. Rockefeller stiftet Baufläche für die Errichtung des Hauptquartiers der United Nations.

1950   Greater New York (mit den umgebenden Vororten) ist mit 12,3 Millionen Einwohnern die größte Metropole der Welt.

1952   New Yorks Franklin National Bank stellt die erste Kreditkarte aus.

1953   Bei der ersten Massenimmigration mit dem Flugzeug kommen 58 500 Puerto Ricaner nach New York City, um vor der ausgeprägten Armut in ihrer Heimat zu flüchten.

1955   Marian Anderson tritt als erster afroamerikanischer Sänger an der Metropolitan Opera auf. Die Wochenzeitung »The Village Voice« wird gegründet.

1958	Leonard Bernstein wird zum Leiter der New York Philharmoniker ernannt.
1959	Das Solomon R. Guggenheim Museum wird eröffnet.
1964	The Beatles treten in New York auf.
1965	Malcolm X wird im Audubon Ballroom in der 165. Straße ermordet. Ein neues Gesetz, der Hart-Celler Act, erleichtert die Immigration aus Lateinamerika, Asien und Afrika.
1967	Das Musical »Hair« wird im Public Theater eröffnet.
1968	Die Columbia University wird wegen Studentenaufständen geschlossen. Als erste afroamerikanische Frau repräsentiert Shirley Chisholm den Stadtteil Brooklyn im Kongress.
1969	Nach einer Polizeirazzia in der beliebten Schwulenbar »Stonewall Inn« setzen sich drei Tage lang Homosexuelle gegen die willkürliche diskriminierende Behandlung von Homosexuellen durch die Polizei zur Wehr. Der Aufstand gilt als Beginn der Schwulen- und Lesbenbewegung.
1970	Der erste New York City Marathon findet statt – 126 Läufer drehen ihre Runden im Central Park.
1971	Der »Big Apple« wird das Werbe-Logo von New York City. Künstler in SoHo gewinnen

den Rechtsstreit um den Erhalt der Warenhäuser, die ihnen als Wohnungen und Studios dienen.

1976 Zehntausende Arbeitsplätze sind durch die Wirtschaftskrise in Gefahr. Die Twin Towers des World Trade Centers werden eingeweiht.

1977 Auf eine Hitzewelle folgt ein 24-stündiger Stromausfall mit anschließenden Plünderungen. Die legendäre Disco »Studio 54« wird eröffnet.

1980 John Lennon wird vor dem Dakota Building ermordet.

1981 Battery Park City wird auf einer Geländeaufschüttung gebaut, die vom Bau des World Trade Center stammt. Das AIDS-Virus wird identifiziert.

1982 800 000 Menschen protestieren im Central Park gegen Atomwaffen.

1987 Die New Yorker Börse fällt am »Schwarzen Montag« um über zwanzig Prozent.

1989 David Dinkins löst den bis dahin zwölf Jahre amtierenden Edward Koch ab und wird der erste afroamerikanische Bürgermeister New Yorks.

1990 Mit 2 245 Morden im Jahr 1990 stellt New York einen traurigen Rekord auf.

1991 Bei Bauarbeiten werden die sterblichen Überreste von etwa 400 afrikanischen Sklaven aus dem 17. und 18. Jahrhundert entdeckt. Heute befindet sich dort das African Burial Ground National Monument, ein Mahnmal zum Gedenken an die Toten.

1992 Bryant Park, einst Treffpunkt von Drogendealern, wird zu einer beliebten und schönen Grünfläche umgestaltet.

1993 Das World Trade Center wird Ziel eines Bombenanschlags islamistischer Terroristen. Sechs Menschen werden getötet.

1994 Rudolph W. Giuliani wird der erste republikanische Bürgermeister seit 1965.

1997 60 000 New Yorker sind inzwischen an AIDS erkrankt.

21. Jahrhundert

2001 25 Jahre nach ihrer Einweihung werden die beiden Türme des World Trade Centers bei einem islamistischen Terroranschlag am 11. September zerstört. Es sterben über 3 000 Menschen. Seitdem wird der ehemalige Standort der Türme als »Ground Zero« bezeichnet.

2002 Michael Bloomberg wird am 1. Januar 2002 als 108. Bürgermeister von New York City vereidigt.

2006 Der erste Lichtstrahl des neuen Freedom Tower ist an der Gedenkstätte an Ground Zero zu sehen.

2008 Der Afroamerikaner David Paterson, ein führender Anwalt, der sich für visuell und körperlich Beeinträchtigte einsetzt, wird Gouverneur. Er ist New Yorks erster sehbehinderter Gouverneur.

2009 Die New Yorker Senatorin Hillary Clinton wird als US-Außenministerin vereidigt. Von Präsident Barack Obama ernannt, ist sie die erste ehemalige First Lady, die für das Kabinett des Präsidenten arbeitet. Der erste Abschnitt des High Line Parks eröffnet am 9. Juni.

2011 New York ist der sechste Bundesstaat in den USA, der gleichgeschlechtliche Ehen legalisiert. Die Occupy-Wall-Street-Bewegung macht unter großer öffentlicher Aufmerksamkeit auf den sich immer weiter vertiefenden Graben zwischen Arm und Reich aufmerksam und fordert die Regierung nachdrücklich zum Handeln auf.

2012 Hurrikan Sandy trifft auf New York City.

375 000 Bewohner niedrig gelegener Gebiete in Manhattan und Brooklyn werden evakuiert, dreißig Menschen kommen ums Leben.

2015 Der New Yorker Milliardär Donald Trump lässt sich als Präsidentschaftskandidat für die Republikaner aufstellen.

2016 Ein Schneesturm legt zum Jahresanfang die Ostküste lahm – in Manhattan wird wieder Ski gefahren.

Wer noch mehr über New Yorks Geschichte wissen will, geht ins Museum of the City New York. Das seit 1923 existierende Museum besitzt 1,5 Millionen Exponate rund um das Leben in New York. Zum Beispiel werden 3 500 Kostüme und Requisiten vom Broadway, Sitze aus dem Yankee Stadium, Fotos, Zeichnungen, ein Omnibus, ein Krankenwagen und ein Polizeiwagen aus dem 19. Jahrhundert ausgestellt. Ein berühmtes »Checker Cab«, das ultimative Taxi aus den Achtzigerjahren, steht auch dort. Diese und unzählige weitere Artefakte lassen die turbulente Geschichte New Yorks erlebbar werden.

New York Times Tower
Der Bau wurde 2007 als
neuer Sitz für die »New York
Times« fertiggestellt.
Am 6. Juni 2008 kletterte
Spiderman (auch als Franzose
Alain Robert bekannt) un-
gesichert die Fassade bis zur
Dachkante hinauf. Er wollte
damit auf den Klimawandel
aufmerksam machen.

Konservativ? Von wegen!

New York ist eine liberale Stadt. Erst im Jahr 2011
belegte sie bei einer Umfrage zum Thema konservative Großstädte den achtletzten von über sechzig
Plätzen. San Francisco ergatterte den letzten: Sie gilt
als liberalste Stadt Amerikas. Als konservativster Ort
gilt Mesa im Bundesstaat Arizona.

Regiert wird New York von der Stadtverwaltung.
Diese ist zuständig für Schulen, Strafvollzug, Biblio-
theken, öffentliche Sicherheit, Erholungsangebote,
Wasserver- und -entsorgung, öffentliche Wohlfahrt.
An ihrer Spitze steht der Bürgermeister, der alle vier
Jahre gewählt wird. Ein Stadtoberhaupt darf höchstens drei aufeinanderfolgende Amtszeiten lang an
der Spitze stehen. Der Bürgermeister ernennt auch
die Leiter der Verwaltungsstellen (Commissioners).
Der Rat der Stadt New York besteht aus 51 Mitglie-
dern, die ebenfalls alle vier Jahre gewählt werden.

Städtepartnerschaften

New York hat folgende historischen Städtepartnerschaften:

- Tokio, Japan, seit 1960
- Peking, Volksrepublik China, seit 1980
- Kairo, Ägypten, seit 1982
- Madrid, Spanien, seit 1982
- Santo Domingo, Dominikanische Republik, seit 1983
- Budapest, Ungarn, seit 1992
- Rom, Italien, seit 1992
- Jerusalem, Israel, seit 1993
- London, Vereinigtes Königreich, seit 2001
- Johannesburg, Südafrika, seit 2003
- Brasília, Brasilien, seit 2004

Berlins Austauschstädtchen in den USA ist Los Angeles, und zwar seit 1967. Übrigens auch eine sehr sehenswerte Stadt.

Die letzten drei New Yorker Bürgermeister

Bill de Blasio, im Amt seit 2013

- Beeindruckender Wahlsieg mit 73 % der Wählerstimmen
- Arbeitete davor für eine NGO, die sich um bessere medizinische Versorgung in Mittelamerika kümmert
- Seit zwanzig Jahren der erste Demokrat an der Spitze New Yorks
- Ein Linker. Ist 1988 nach Nicaragua gereist, um die Revolution mit Lebensmitteln und Medikamenten und später die Sandinista-Regierung zu unterstützen. Er bezeichnete sich damals als demokratischen Sozialisten – für Amerikaner normalerweise ein absolutes No-Go.
- Die »New York Times« und Showgrößen wie Harry Belafonte und Alec Baldwin unterstützten seine Kandidatur.
- Hat besonders die wachsende Ungleichheit in der Stadt und die Sozialkürzungen seines Vorgängers Bloomberg kritisiert und unterstützt heute u. a. Programme für mehr Bildung.

Michael Bloomberg, Amtszeit 2002 bis 2013

- Milliardär und Wirtschaftsboss: Besitzer der Finanzdaten-Agentur »Bloomberg L. P.« und »Bloomberg Television«. Das »Forbes Magazine« schätzte Bloombergs Vermögen im März 2013 auf 27 Milliarden Dollar, fünf Milliarden mehr als im Vorjahr. Damit ist er der reichste aktive Politiker der Welt. Alle seine Wahlkämpfe hat er fast vollständig aus eigener Tasche finanziert. Insgesamt hat er in seinen eigenen Wahlkampf 143 Millionen Dollar investiert.
- War erst Demokrat, wurde später – man munkelt aus wahlstrategischen Gründen (Vermeidung von Vorwahlen) – Republikaner
- Gilt als Architekt des wirtschaftlichen Aufschwungs New Yorks nach den Attentaten vom 11. September 2001
- Der Gesundheitsapostel: Bloomberg hat durchgesetzt, dass in Bars nicht mehr geraucht werden darf: 2004 sank daraufhin die seit zehn Jahren konstante Raucherrate von 21,6 % auf 18,4 %. Andere Bundesstaaten folgten. 2011 weitete er das Rauchverbot aus: Öffentliche Plätze, auch Strände und Parks, wurden rauchfrei.
- 2010 schloss sich Bloomberg der philantropischen Kampagne »The Giving Pledge« von Warren Buf-

fett und Bill Gates an und versprach damit, mehr als die Hälfte seines Vermögens zu spenden.
- 2013 wurden zwei mit Gift verseuchte Briefe an Bloomberg abgefangen.
- Bloomberg hat sich für den Umweltschutz eingesetzt: Er führte eine PKW- und LKW-Maut in der Innenstadt während Stoßzeiten ein, ließ alle gelben Taxis auf Hybrid-Antrieb umrüsten, setzte sich für die Begrünung aller Flachdächer ein, ließ mehr Parks anlegen und förderte das Radfahren in der Stadt durch den Ausbau der Radwege. Eines seiner aufsehenerregenderen Projekte ist die Umgestaltung der 2,3 Kilometer langen High Line, einer ehemaligen Hochbahntrasse, zu einer bemerkenswerten Parkanlage.

Rudolph Giuliani, Amtszeit von 1994 bis 2001

- New Yorks 107. Bürgermeister
- Der Republikaner tat sich besonders durch sein beherztes Auftreten nach den Terroranschlägen am 11. September 2001 hervor. Es folgte sein strikter Grundsatz zur Verbrechensbekämpfung nach dem Prinzip »Recht und Ordnung« und »Null Toleranz«.

Der Anti-New-Yorker: Donald Trump

Dass sich das amerikanische System vom deutschen unterscheidet, erkennt man schon daran, wer sich in den USA zum Präsidentschaftskandidaten aufstellen lässt. Nicht nur Politiker, die sich jahrzehntelang in einer Partei verdient gemacht oder sich zumindest hochgearbeitet haben, sondern Privatleute mit sehr viel Meinung und sehr viel Geld aus der Wirtschaftswelt. Bestes Beispiel aus dem Jahr 2015/2016: Der New Yorker Milliardär Donald Trump. Sein Refugium, der den Central Park überragende Trump Tower mit dem an »Dallas« erinnernden Charme der 80er, macht schon klar, wie bodenständig (oder eben nicht) der selbstverliebte Mann mit der komischen Frisur ist. Er beleidigt nicht nur gerne seine Mitkandidaten, sondern auch Ausländer, Geflüchtete, Einwanderer, Frauen, Babys, Menschen mit Behinderung, Journalisten und vor allem – seine Gegner. Er ist der Mann fürs Grobe. Unreflektierte Stammtischparolen mixt er mit Überheblichkeit.

Während einer Fernsehdebatte mit anderen Kandidaten gab er sogar zu, dass er sich in der Außenpolitik nicht besonders gut auskenne. Die größte Gefahr geht tatsächlich von den unsäglichen Sprüchen des Populisten aus: Denn egal wie absurd oder rassistisch diese sind, sie sind unterhaltsam. Und wenn die Amerikaner etwas lieben, dann Entertainment. Im Übrigen ist Donald Trump kein typischer New Yorker. Diese gelten als differenziert und gebildet. Somit kann man Trump einen wahren Ausnahme-New-Yorker nennen. Wenn Sie dieses Buch in der Hand halten, ist Präsident Trump hoffentlich nur ein böser Traum gewesen. Im schlimmsten Fall habe ich öffentlich den amerikanischen Präsidenten beleidigt. Das nehme ich in diesem Fall gerne auf meine Kappe.

Die bemerkenswertesten New Yorker Verbote

New York ist eine der liberalsten Städte der USA. Aber frei von Verboten ist sie natürlich auch nicht. Besonders das Sendungsbewusstsein mancher Bürgermeister führte zu ganz unterschiedlichen, durchaus schrägen, manchmal auch ärgerlichen Verboten. Vieles war jedoch auch sehr vernünftig.

Rudolph Giuliani, Bürgermeister von New York von 1994 bis 2001, hat sich einen Namen gemacht, indem er mit harter Hand durchgriff. New York City sollte sauberer werden: Weniger Kriminalität, weni-ger Abfall, geordneter Verkehr. Er bezeichnete das als die »Quality of Life Campaign«.

Viele Verbote wurden in New York getestet, einige davon aber glücklicherweise wieder verworfen.

Die Prohibition

Von 1920 bis 1933 herrschte in ganz Amerika eins der kontroversesten Verbote überhaupt: die Prohibition. Der Ausschank von Alkohol und dessen Produktion wurde verboten, weil man sich erhoffte, dass die Kriminalitätsrate daraufhin sinken würde. Gruppen wie der »Christliche Frauenbund für Abstinenz« traten vehement dafür ein. Dass dafür der Schwarzmarkt umso mehr blühte, war nur eine negative Folge dieses »Noble Experiments« (»Das ehrenhafte Experiment«), wie die Beschränkung auch genannt wurde. Mafiöse Strukturen und Kriminalität zogen an: Die Zahl der schweren Verbrechen erhöhte sich in den Zwanzigerjahren um 13 %. Getrunken wurde natürlich trotzdem, in sogenannten Speakeasys, geheimen Kneipen hinter falschen Wänden. Allein in New York stieg die Anzahl dieser Flüsterkneipen von 1922 bis 1927 von rund 5000 auf 30000 an. Bis heute gibt es in New York Speakeasys, auch wenn sie inzwischen nur noch der Folklore dienen. Ein berühmtes Speakeasy ist das »Please Don't Tell« (PDT) an der Lower East Side. Getarnt ist es als Telefonzelle in einer Hot-Dog-Bude: sehr gemütlich und mit ausgezeichneten Cocktails im Angebot!

Verbot des Verbots von XXL-Getränken

Viel trinken ist bewiesenermaßen gesund. Aber dass hier Wasser und nicht Limo gemeint ist, ist vielen Amerikanern nicht klar. Genauso wenig ist vielen bewusst, woher die überschüssigen Pfunde auf ihren Hüften stammen – doch bestimmt nicht von dem Literbecher Limo, den man gerne zu den Tacos mit Pommes trinkt!

In Amerika muss alles XXL sein, auch der Trinkbecher, den man an Tankstellen, Imbissen, Schnellimbissen und in den Stadien bekommt. Wir sprechen hier nicht von 0,5 Litern, sondern von Gefäßen, die mehr als einen Liter fassen. Dass die gesundheitlichen Folgen verheerend sind, ist klar. Bürgermeister Bloomberg wollte dieses gesundheitsgefährdende Trinkverhalten nicht hinnehmen. New Yorkern sollte es im Jahr 2013 verwehrt werden, regentonnengroße Becher zu bestellen. Bloomberg war dieses Projekt sehr wichtig: Nach Angaben des New Yorker Rathauses sterben allein in der Stadt New York jedes Jahr etwa 5000 Menschen an den Folgen von Fettleibigkeit.

Allerdings hatte die Getränkelobby etwas dagegen, das Gesetz wurde wenige Stunden vor dem Inkrafttreten im Frühjahr 2013 gekippt. Das umstrittene Verbot großer Trinkbecher scheiterte zwar vorerst, aber Restaurants müssen seitdem die Kalorienzahl jedes Gerichts ausweisen.

Tanzverbot

In den Neunzigern war das New Yorker Nachtleben in Gefahr: Der damalige Bürgermeister Giuliani befürchtete, dass zu viel Spaß am Feiern die New Yorker Jugend verderben könnte. Der Anfang allen Übels seien enthemmte Bewegungen, Tanzen genannt. Er kramte ein altes Gesetz aus den Zwanzigern hervor, den »Cabaret Act«. Jeder Tanzclub benötigte von nun an eine offizielle Lizenz, damit dort getanzt werden durfte. Diese war aber mit Auflagen verbunden. Notausgänge, Alarmsysteme, feuerfeste Wände. Nicht jeder Clubbesitzer hatte das Geld, um umzurüsten. Erst recht nicht kleinere Bars. Das führte dazu, dass die Kneipenbesitzer Ordner einsetzen mussten, die spontanen Tanzeinlagen von Besuchern einen Riegel vorschoben. Zivilpolizisten kontrollierten und verteilten bei Missachtung Bußgeldbescheide an die Barbesitzer.

»Der Spiegel« schrieb 2007: »Disco (ist tot) – sowie, mal ehrlich, das ganze New Yorker Nachtleben.« 2008 begann ein weiterer »Spiegel«-Artikel über New Yorks Tanzszene ähnlich trist: »Von der Partymetropole zur langweiligsten Stadt der Welt.«

Ganz so schlimm ist es nicht. Es soll auch so manche Bar geben, die sich tollkühn über das Tanzverbot hinweggesetzt hat. Je nach Alkohollevel geht Tanzen ja oft als fortgeschrittenes Torkeln durch.

Verbot von Techno-Raves

Auch die allgemeine Partykultur entsprach nicht den bürgermeisterlichen Vorstellungen Giulianis und seinem Ideal von »Law and Order«. Mit dem RAVE-Act, dem »Reducing Americans' Vulnerability to Ecstasy Act«, kam 2003 ein bundesstaatenübergreifendes Gesetz hinzu, das ganz im Sinne der Bürgermeister Giuliani und Bloomberg war. Der RAVE-Act verbietet Raves in den gesamten USA. Wer trotzdem eine solche Veranstaltung ins Leben ruft, kann mit Geldstrafen belegt werden. Wird man ein zweites Mal erwischt, wird unter Umständen der Laden dichtgemacht – die Stadt lässt in so einem Fall einfach die Schlösser auswechseln. Das führt nicht selten zum Ruin von beliebten Clubs.

Verbot von breitbeinig sitzenden Männern in der U-Bahn

Wer schon mal erlebt hat, wie daneben sich manche Leute in der New Yorker U-Bahn benehmen – ich wurde mal Zeugin, wie sich ein junger Mann die Nägel abknipste –, versteht vielleicht den Zorn vieler Damen (aber auch Herren) auf Männer, die zwar keinen Spagat können, aber dennoch so breitbeinig sitzen, als wollten sie eine Spinne im Netz nachmachen. Rechts und links von ihnen kann nur noch gekauert werden. Es gibt einen englischen Fachbegriff dafür: »Manspreading« (auf Deutsch etwa: »männliches Ausbreiten«).

In den meist überfüllten Wagen der New Yorker U-Bahn sind insbesondere Frauen vom exzessiven Manspreading zunehmend genervt. Viele sind davon überzeugt, dass die Männer ihre Beine absichtlich als Zeichen von Macht und Dominanz ausbreiten.

Besonders breitbeinig sitzende Männer fotografiert Kelley Rae O'Donnell und veröffentlicht die Bilder beim Kurznachrichtendienst Twitter. Sie spricht die Männer auch direkt in der Situation an: »Aber da bekomme ich meistens nur ein Gemurmel oder komplette Ablehnung zurück.«

Mit Plakaten in rund 2 600 U-Bahn-Wagen geht die MTA gegen das Manspreading vor. »Dude … Stop the Spread, Please« (auf Deutsch etwa:
»Junge, lass das Spreizen«) steht darauf. Neben der Schrift ist ein rotes Strichmännchen zu sehen, das breitbeinig auf einer U-Bahn-Bank sitzt, während zwei graue Strichmännchen eingequetscht daneben stehen. Die Kampagne löste so viel Wirbel aus, dass das Wort »Manspreading« es sogar in die Endauswahl der Amerikanischen Gesellschaft für Sprache zum Wort des Jahres 2014 schaffte.

Auch gegen andere Unhöflichkeiten geht die Verkehrsbehörde mit Plakaten vor: Neben geruchsintensivem Essen und fehlender Körperpflege beschwerten sich die Passagiere nach Angaben der MTA außerdem besonders über laute Musik, das Blockieren von Türen und akrobatische Übungen an Haltestangen.

Handy-Verbot in Schulen und dessen Aufhebung

Weniger das Verbot von Handys in Schulen im Jahr 2006 durch Bürgermeister Michael Bloomberg, als vielmehr dessen Aufhebung durch Bürgermeister de Blasio im Jahr 2015 ist bemerkenswert. Nachvollziehbar war das Verbot durchaus, da Surren, Piepen und Blinken der mobilen Nervtöter verständlicherweise Lehrer und Unterricht störten. Allerdings hatte das ursprüngliche Verbot zu viele negative Folgen: Kastenwagen mit installierten Spinden parkten nun vor den Schulen. Gegen eine Gebühr von einem Dollar konnten Schüler ihr Handy dort bis zum Schulende verwahren lassen und mussten nicht auch noch den öden Heimweg ohne Handy bestreiten. Dass diese Bequemlichkeit bis zu 180 Dollar jährlich kosten kann, machte so einige Eltern ziemlich sauer.

Ein weiteres Problem stellen jene Eltern dar, die immer wissen wollen, wo ihr kleiner Prinz oder ihre kleine Prinzessin gerade ist. Da müssen sie eben immer erreichbar sein, am besten auch während des Mathetests. Die Schulen könnten auch ein neues Verbot einführen: Handy ja, Anmachen nein – damit würde man zwei Fliegen mit einer Klappe erwischen. Vielleicht wäre das zu einfach. Denn gibt es nicht diesen Witz von der russischen und amerikanischen Raumfahrt über die Feststellung, dass Kugelschreiber im Weltraum nicht schreiben? Die Amis machten sich daraufhin ans Werk, forschten jahrelang und brachten schlussendlich einen ziemlich teuren Kugelschreiber auf den Markt, der auch in Schwerelosigkeit schrieb. Die Russen nahmen einfach einen Bleistift.

Kutschenverbot

Bürgermeister de Blasio ließ an seiner Entschlossenheit keinen Zweifel: »Wir werden schnell und offensiv handeln, damit Pferdekutschen nicht länger Teil des New Yorker Stadtbilds sind«, betonte er. »Die Tiere werden nicht artgerecht gehalten, das muss ein Ende haben.« Unterstützt wird de Blasio von mehreren Tierschutzorganisationen, die schon lange den Einsatz der rund 200 Pferde im Central Park bemängeln. »Diese Pferde sind Sklaven. Sie müssen neun Stunden pro Tag, sieben Tage die Woche im dichten Verkehr arbeiten«, sagt Elizabeth

Forel, Sprecherin der »Initiative für ein Verbot der Pferdekutschen«.

Laut Gesetz dürfen die Tiere bis zu neun Stunden am Tag für die Kutschen im Einsatz sein und müssen fünf Wochen Pferde-Urlaub im Jahr bekommen. Allerdings kontrolliert das niemand. Auch nicht, ob sie artgerecht gehalten werden. Viele Tiere werden alleine gehalten und haben außer dem Ziehen der Kutschen keinen weiteren Auslauf.

Es gibt jedoch auch Gegner der Initiative: Die Kutschen haben im Central Park seit mehr als 150 Jahren Tradition und gehören zu den beliebtesten Sehenswürdigkeiten der Stadt. Die Mehrheit der New Yorker steht Meinungsumfragen zufolge aufseiten der Kutscher. Die »New York Times« spricht sich ebenfalls gegen de Blasios Verbotspläne aus. »Touristen lieben die Kutschen und viele New Yorker leben davon«, hieß es in einem Kommentar. Die ganze Diskussion habe zumindest etwas Gutes, sagt ein Kutscher. »Seitdem es den Streit um das Verbot gibt, habe ich mehr Kunden. Sie kommen, um noch schnell eine Tour zu machen, ehe es verboten wird.«

Salzverbot

2010 wurde die »National Salt Reduction Initiative«, die nationale Initiative zur Salzkonsumverringerung, von Michael Bloomberg ins Leben gerufen. Ziel war es, bis 2014 den Salzgehalt in verpackten Lebensmitteln und Speisen in Restaurants zu verringern. Zuwiderhandlungen sollen mit 1000 Dollar Strafe geahndet werden. Das von amerikanischen Gesundheitsorganisationen unterstützte Gesetz wurde zuerst im Bundesstaat New York eingeführt, später soll es auch in anderen Bundesstaaten gelten. Die Amerikaner nehmen laut der US-Gesundheitsbehörde CDC (Centre for Disease Control) etwa doppelt so viel Salz wie die empfohlene Menge von etwa einem Teelöffel am Tag zu sich. Zuviel Salz erhöht das Risiko von Bluthochdruck, Herzinfarkt und Schlaganfällen. Laut der CDC lassen sich jährlich etwa 700000 Todesfälle auf den erhöhten Salzkonsum zurückführen.

»Ich will niemandem die Pommes oder die Hamburger wegnehmen«, sagte Bloomberg damals. »Die esse ich selbst gerne. Aber ich möchte, dass diese weniger gesundheitsschädlich sind.« 2014 zog der Bürgermeister eine positive Bilanz. »21 Unternehmen«, so Bloomberg, »haben freiwillig die Salzmenge in ihren Produkten reduziert.« Darunter seien Ketchup- und Nudelsoßenhersteller, aber auch Restaurantketten wie »Subway« und »Starbucks«, die in ihren Produkten zwischen 18 und 33 Prozent weniger Salz benutzen, zogen mit. Nicht alle waren über die Maßregelung erfreut: »Amerikas oberster Babysitter«, schimpften die Bloomberg-Gegner.

Rauchverbot

Aus Restaurants und Pubs sind Raucher längst verbannt, aus öffentlichen Gebäuden ebenso, aus den 1 700 Parks und von den zwanzig Kilometer langen Stränden der größten Stadt der USA wurden sie vertrieben. New York tut viel gegen die »Todesursache Nummer Eins in Amerika« (Michael Bloomberg): Als erste Großstadt der USA hat die Metropole das Verkaufsalter für Zigaretten von 18 auf 21 angehoben. Das Stadtparlament hat zudem Kippen-Sonderangebote verboten. Künftig muss eine Schachtel mindestens 10,50 Dollar kosten, für viele Marken muss man bis zu 15 Dollar pro Päckchen berappen. Auch elektronische Zigaretten sind keine uneingeschränkte Alternative mehr: Seit April 2014 gelten dieselben Regeln auch für E-Zigaretten.

Verbot von Transfetten

2006 verbot Bloomberg die schädlichen Transfette in allen Restaurants und Lebensmitteln und wies noch im selben Jahr alle Restaurantketten, die mehr als 15 Lokale umfassten, an, künftig die Kalorienzahl ihrer Produkte anzugeben. Mehr als dreißig Staaten und Städte folgten dem Transfett-Verbot bisher, zwanzig Städte schlossen sich dem Kalorien-Gesetz an.

Verbot von Styroporbehältern

Seit dem 1. Juli 2015 dürfen Restaurants und Geschäfte die zuvor überall verbreiteten Behälter aus Styropor nicht mehr verwenden. Die Behälter sind nicht wiederverwendbar und machen jedes Jahr fast 30 000 Tonnen Müll aus. »Diese Produkte verursachen echte Umweltschäden und haben keinen Platz in New York City«, sagte Bürgermeister de Blasio. Schon sein Vorgänger Bloomberg hatte ein Verbot angeregt. In US-Städten wie San Francisco, Seattle, Washington und Portland wurden die Styroporbehälter bereits 2007 verboten.

Flatiron Building
Erbaut 1902, 91 m hoch, 21 Stockwerke.
»The New York Tribune« beschrieb
es als »stacheliges Stück Kuchen«, das
»Municipal Journal & Public Works«
nannte es »New Yorks letzten Freak in
Form eines Wolkenkratzers«. Heute
gilt das Flatiron Building als einer der
schönsten Wolkenkratzer der Welt.

■ Kulinarisches ■

Zwischen Delis und Delikatessen

Die Esskultur in New York ist so vielseitig wie ein gefüllter Kantinenkühlschrank auf dem Raumschiff Enterprise. Das ist keine Überraschung in einer Stadt, die von Besuchern und Bewohnern aus aller Welt geprägt ist. Die Menschen rennen den Trends nicht hinterher, sondern setzen sie. Vom Bubble Tea über Molekularküche, Philly Cheese Steak, Pelmeni, »Pickles« (saure Gurken), Maultaschen und Sushi, Sauerkraut und Kimchi, über Hot Dog und Tofuwurst, Austern, Ziegenfleisch, Champagner, vegane Steaks bis zu klassischen gegrillten Marshmellows, Algen, koscherem Wein und Bourbon ist New York ein Mekka für alle kulinarischen Experten. Im mexikanischen Restaurant »Pampano« kommen sogar Grashüpfer auf den Teller, im »Casa Mono« knabbert man Hahnenkämme, dazu Lammzungensalat. Im Restaurant »Babbo« gibt's Kalbshirnravioli. Und dass in Chinatown Hühnerfüße als Snacks angeboten werden, dürfte niemanden überraschen.

Sicher, es gibt auch ein Hunderestaurant, nein, zwei: eines, in dem man Hunde essen kann, und eines, wo Hunde ihre Lieblingshundekuchen bestellen können.

Als Europäerin fiel mir in jedem herkömmlichen Supermarkt der Hang zum Extremen bei verdaulichen Dingen auf. Apropos verdaulich: Es bedarf vier Tage, bis der menschliche Organismus eine Auster so zersetzt hat, dass sie wieder ausgeschieden werden kann. Deswegen genießt man sie auch mit Champagner, dann geht's gleich besser.

Goethe sagte einmal: »In Gefahr und größter Not ist der Mittelweg der Tod.« Aber gilt das auch beim Essen? Warum gibt es nur Entweder / Oder im amerikanischen Supermarkt? Es gibt ellenlange Supermarktregale, die nur mit Joghurts gefüllt sind. Aber warum gibt es nur entweder Null-Fett-Joghurt oder Buttercreme mit Zuckerglasur (extra dick) zu kaufen? Wie oft bin ich, wie ein Stalker die Straße seiner Angebeteten, die Kühlregalreihen abgeschritten, ohne auch nur einen 3,5-prozentigen Joghurt zu erblicken.

Ja, es gibt auch griechischen Joghurt – ausgesprochen gut, gesund, wohlschmeckend, weiß wie eine Wolke aus einem Brecht-Gedicht der Buckower Elegien. Aber ein Becher kostet fast so viel wie eine viergeschossige Finca auf Korfu.

So weit, so ghurt.

Eiscreme hingegen kann einen nur glücklich machen, vor allem die Sorten, die nicht allzu viel

Eis enthalten, zum Beispiel Erdnuss-Schokokrümelkeks-mit-regenbogenfarbenen-Karamellspiralen-Eis …

Eins dürfte klar sein: Nicht das Essen hält die New Yorker schlank, sondern die Rennerei, die 70-Stunden-Woche und die heimlichen Zigaretten auf der Feuertreppe.

Es gibt in New York auch einige All-You-Can-Eat- und XXL-Restaurants, diese Orte, an denen die Bagels so groß sind, dass man sie als Reifen unter Baumstamm-beladene Trucks montieren könnte, und dazu eine Pommeshalde so hoch wie die Schwäbische Alb. Daneben vegane Küche und Restaurants, die nichts anderes als lokale und Bio-Lebensmittel auf ihrer Karte führen und mit ihren Craft-Bieren neue Genuß-Maßstäbe gesetzt haben.

Die Klassiker

Hot Dog: Wiener Würstchen in länglichen Brötchen aus Watteteig, auch »roll« genannt. In New York kosten Hot Dogs zwischen einem und vier Dollar und können mit Senf, Ketchup, Gürkchen, Jalapenos, Chili con Carne, Käse, rohen Zwiebeln, Röstzwiebeln, Sauerkraut, Mayonnaise oder Mango-Chutney belegt werden – mit allem also, was man in einer Tube oder Dose kaufen kann. Gute Hot Dogs gibt's hier:

- Bark Hot Dogs, 474 Bergen Street, Brooklyn
- Nathan's Famous, 1310 Surf Avenue, Coney Island, Brooklyn (Nathan's findet man überall in Manhattan, aber diese Filiale ist die älteste – absolut Kult! Und die Strandpromenade ist nur 200 Meter entfernt.)

Donut: Frittierter Teigkringel, eine Art Berliner oder Pfannkuchen mit Loch drin statt Füllung. Dafür aber 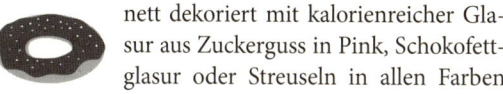 nett dekoriert mit kalorienreicher Glasur aus Zuckerguss in Pink, Schokofettglasur oder Streuseln in allen Farben des Regenbogens. Die besten Donuts gibts bei Doughnut Plant, 220 West 23rd Street, Chelsea, Manhattan.

Cupcake: Törtchen mit Zuckercreme in allen Farben, die die chemische Lebensmittelindustrie je hervorgebracht hat. Sieht reizend aus und knirscht zwischen den Zähnen. Gibt's zu jedem Geburtstag und ist das beliebteste Mitbringsel von Geburtstagskindern. Garantiert quietschen dann mindestens drei Damen: »Cupcakes??? I LOOOVE Cupcakes!!!« Knirsch. Die besten Cupcakes gibt's hier:
- Butter Lane, 123 E. 7th Straße, Lower East Side, Manhattan
- Ladybird Bakery, 1112 8th Avenue, Brooklyn (Park Slope)

Brownies: Schokoladenkuchen à la USA – saftig, schokoladig, innen knautschig, außen mit einer knusprigen, karamellisierten Kruste. Sieht aus wie ein Ziegelstein, schmeckt aber viel besser! Häuser kann man daraus nicht bauen, aber wenn man zunehmen will, sind Brownies eine schöne Art, das zu tun. Der richtig dekadente Amerikaner mischt Erdnussbutter in den Teig. Angeblich wurde der Brownie durch einen glücklichen Backunfall erfunden: Beim Backen eines Schokoladenkuchens hat jemand schlichtweg das Mehl vergessen. In Zeiten der Glutenunverträglichkeitshysterie also das perfekte Lebensmittel. Leckere Brownies gibt's hier:

Fat Witch Bakery, 75 9th Avenue, zwischen 15th/16th Street, Chelsea, Meatpacking District, Manhattan

Bagel: Der klassische Teigkringel kommt mit »Creamcheese« (Frischkäse) und / oder Lachs. Probieren Sie die Sorte »Everything«, also mit allem: Sesam, Mohn, Zwiebeln, Knoblauch, Sonnenblumenkerne. Nach der Devise: wenn schon, denn schon.

Alte Bagels sind allerdings so zäh wie ein abgefahrener Autoreifen, noch ältere taugen sehr gut zum Fenstereinwerfen.

Die besten Bagels gibt es bei Kossar's, Lower East Side, 367 Grand Street (Essex and Norfolk Street, Manhattan).

Kulinarische Trends

Von Low Carb über Paleo bis glutenfrei: Kohlenhydrate? Pfui bäh! Wer gerne an der Schweinehaxenschwarte knabbert, weil ihm kein Genuss fremd ist, wird kaum verstehen können, was jetzt alle plötzlich gegen Nudeln haben. Was stimmt denn bitte nicht mit Nudeln? Aber sorry: Die New Yorkerin, die was auf sich hält, hält nichts mehr von Pasta. Voller Kalorien! Voller Weißmehl! Voller Gluten! Oscarpreisträgerin Gwyneth Paltrow schreibt sogar Kochbücher wider die Kohlenhydrate. Steinzeitmenschen hatten schließlich auch keine Nudeln. Und? Ging es ihnen deswegen schlechter? Nein. Sie sind bumsfidel und kerngesund mit dreißig gestorben! Schauen Sie sich einen 80-Jährigen an: gezeichnet von lauter Gebrechen und Krankheiten! Schuld ist natürlich – Gluten. Was ist so schlimm an Gluten? Gar nichts. Es sei denn, man leidet unter einer Lebensmittelunverträglichkeit. Darauf genehmige ich mir eine Mandelmilch-Latte, ohne Zucker und Koffein, bitte.

Cronut: Kreuzung aus Croissant und Donut. Der französische Erfinder Dominique Ansel hat sich seine Idee patentieren lassen, vor seiner New Yorker Bäckerei in SoHo stehen die Leute für Cronuts Schlange. Schon gegen sechs Uhr morgens finden sich 100 bis 150 Menschen ein. Amerikas Foodblogger haben den Cronut zur besten Erfindung der Backwelt erklärt, Facebook und Twitter tun ihr Übriges, und Ansel wird auch in Zukunft Massen an Menschen mit seinen täglich limitierten Cronuts verzaubern. Er backt jeden Tag nur ein paar hundert Cronuts. Größere Mengen kann er in seiner Minibackstube nicht herstellen. Jeden Monat kann man jeweils eine neue Sorte ergattern. Es gab schon »Mascarpone/Feige«, »Pfirsich/Bourbon«, »Lebkuchen/Birne«, »Himbeer/Kokosnuss« und »Erdnussbutter/Rum/Karamell«, um nur einige wenige zu nennen.

Ramen: japanische Nudelsuppe. In Japan so traditionell wie bei uns der Eintopf, auf New Yorks Speisekarten auch schon lange zu finden, aber noch nie so beliebt wie jetzt. Die Suppe kann aus einer mit Sojasauce gewürzten Brühe bestehen, aus fermentierten Sojabohnen wie in der Misosuppe, aus ausgekochten Schweineknochen, aus Fisch oder Meeresfrüchten. Zu den Nudeln werden gern Seetang, Schweinebauch, gekochte Eier oder Hackfleisch gegeben. Aber es gibt Tausende weitere Möglichkeiten, die beliebte Suppe zuzubereiten.

Grünkohlchips: Rosenkohl, Blumenkohl, Weißkohl, Grünkohl: Arme-Leute-Essen oder irgendwie unbeliebt, höchstens im Herbst oder Winter eine seltene Beilage? Nicht in New York! Die diversen Kohlarten sind schließlich wahnsinnig gesund, und die kreativen New Yorker Köche haben schon lange gelernt, den Grünkohl nicht einfach so lange zu kochen, bis er ein einziger Matsch ist. Sie bereiten ihn so zu, dass er knackig oder gar knusprig wird.

Ein beliebter Snack unter »Foodies«, Veganern, Müttern und vielen anderen trendbewussten New Yorkern sind daher die Grünkohlchips. Kalorienarm, nährstoffreich und in jedem Biomarkt zu erstehen. Ich gebe zu, dass ich als Andenken an New York in meinem Garten Grünkohl anbaue – und daraus diese leckeren Hipster-Chips mache, und zwar so:

Für ein Blech braucht man: 400 g Grünkohl, 3 EL Olivenöl, ½ TL Salz, etwas Currypulver. Backpapier aufs Blech legen. Grünkohl waschen und gut abtrocknen. Strünke entfernen, Kohl in grobe Stücke zupfen. Marinade aus Öl, Salz und Currypulver herstellen. Die Grünkohlblätter mit der Marinade einreiben. Ofen auf 150 °C (Umluft) vorheizen. Den Grünkohl luftig auf dem Backblech verteilen, 10–12 Minuten backen, weitere drei Minuten im abgeschalteten Ofen ruhen lassen. Die Blätter sollten ihre dunkelgrüne Farbe behalten. Werden sie braun, ist die Temperatur zu hoch, dann sofort aus dem Ofen nehmen.

Auswärts essen

Der durchschnittliche Preis für ein Essen in einem günstigen Restaurant in Manhattan im Jahr 2016 liegt bei ca. 15 Dollar. In einem gehobeneren Lokal zahlt man für zwei Personen inklusive Getränke etwa 75 Dollar. Die Preise sind viel höher als im Rest des Landes.

Weitere kulinarische Empfehlungen

- New York Cheesecake: Kalorienbombe, die aber fast luftig schmeckt.
- Philly Cheese Steak: ein aus Philadelphia stammendes Sandwich. Erinnert an Döner, nur ohne die typischen Gewürze und ohne gesundes Gemüse, dafür mit noch mehr Fleisch und Käse.
- Maccaroni and Cheese: Nudeln mit Käse. Beliebte Beilage, aber auch häufig Hauptmahlzeit. In den USA gibt es sogar den nationalen Maccaroni-and-Cheese-Gedenktag, jedes Jahr am 14. Juli.
- Reuben Sandwich: Weißbrot belegt mit Corned Beef und Sauerkraut.
- Austern: werden direkt vor New York geerntet. Dadurch bekommt man sie relativ günstig und taufrisch.
- »Soul Food«: Südstaatenküche, die unter anderem

in Harlem zu Hause ist: Brathähnchen, Rippchen oder Fisch mit Kale (Grünkohl), Black Eyed Peas (Beilage), Süßkartoffel-Pommes oder eben Mac and Cheese.

- Außerdem: alles andere, was es auf der Welt zu genießen gibt. Wenn es einen Ort gibt, an dem man genau das finden kann, worauf man gerade Appetit hat, dann ist das bestimmt New York.

Alkohol

Wer als Europäer gemütlich ein Bierchen trinken möchte und sich nicht in einer Bar, sondern auf der Straße, in einem Park oder einem anderen öffentlichen Platz aufhält, kann eine böse Überraschung erleben. Es ist wahrscheinlich, dass man verhaftet wird oder zumindest ein sogenanntes »Ticket« bekommt: eine Verwarnung mit Geldstrafe.

Vergehen unter Alkohol, wie etwa im Straßenverkehr, bringen einen noch schneller vor den Richter und ins Gefängnis.

Die wichtigsten Alkohol-Regeln in New York und den USA

- Alkohol darf man erst ab 21 Jahren kaufen und trinken.
- Spirituosen und Wein gibt es nur in Liquor Stores, Bier gibt es in Supermärkten und Delis.
- Bier darf rund um die Uhr verkauft werden, Wein und Hochprozentiges von 8:00 bis 24:00 Uhr. Sonntags von 12:00 bis 21:00 Uhr.
- In New York dürfen Bars werktags von 8:00 bis 4:00 Uhr und sonntags von mittags bis 4:00 Uhr geöffnet sein.
- Ein Liquor Store darf nur von einer Person betrieben werden, die in unmittelbarer Nähe zu ihrem Geschäft wohnt. Damit will man verhindern, dass sich Ladenketten bilden.
- Alkohol sollte nur im Kofferraum transportiert werden. Allein der Verdacht, man könne beim Fahren Alkohol trinken wollen, reicht für eine Anzeige aus. Dies gilt auch für Beifahrer.
- Fahren unter Alkoholeinfluss (DUI – Driving under the Influence) wird sehr streng bestraft.
- In der Öffentlichkeit sollte Alkohol in braunen Tüten (brown bags) transportiert werden, damit man nicht sieht, dass man Alkohol dabeihat. (So weiß es dann erst recht jeder.)

- Da für den Ausschank von Alkohol eine kostspielige Lizenz benötigt wird, haben die kleineren Restaurants und Ketten oft keine alkoholischen Getränke auf der Karte.
- Wenn der Kassierer an der Kasse unter 21 ist, muss man den Alkohol selber einscannen und in die Tüte packen.
- Jedes Jahr sterben mehr als 1 700 New Yorker an den Folgen von Alkoholkonsum. In den USA sind es insgesamt 79 000 Tote.
- Jeder vierte New Yorker unter 21 Jahren hat schon mal »binge drinking« (Trinken bis zum Vollrausch) praktiziert.
- Wenn New Yorker draußen gerne ein Bier trinken wollen, ohne gleich eine Bar dafür aufsuchen zu müssen, so können sie das auf dem Treppenabsatz ihres Wohnhauses tun. Wenn sie allerdings doch mal auf den Bürgersteig treten, so werden sie mit großer Wahrscheinlichkeit verhaftet.

Biergärten in New York

Um sich ein bis fünf Bierchen zu genehmigen, geht man in New York besser aus. Und das wird einem ganz leicht gemacht: Sogar deutsche Feiertage und Feste wie Karneval, Sankt Martin oder die Adventssonntage werden in New York in vielen Wirtshäusern und Biergärten zelebriert. Nicht zu vergessen

natürlich das Highlight des Jahres: das Oktoberfest.
Am schönsten ist es in den folgenden Etablissements:

Zum Schneider

Der Kultige: Indoor-Biergarten im East Village, allerdings mit einigen Tischchen auf dem Bordstein rund ums Restaurant. Der deutsche Wirt Sylvester Schneider wollte in New York einen richtigen deutschen Biergarten eröffnen, allerdings gibt es gerade in Manhattan Probleme, Grünflächen zu finden und dafür dann auch noch eine Ausschankgenehmigung zu bekommen. Kein Wunder, dass auch New Yorker sich nach ein bisschen »deutscher Gemütlichkeit« sehnen. Dass man dafür bei »Zum Schneider« gerade bei Bundesliga-Spielen, Karneval oder zum Oktoberfest in langen Schlangen stehen muss – typisch

 New York. Auch typisch: Eine stattliche Bierauswahl. Dutzende deutsche Biere vom Feinsten machen Deutsche und New Yorker sehr glücklich.

Blue Ribbon Beer Garden

Der Lässige: Die Blue Ribbon Restaurants gehören zu einem kleinen Imperium, das sich bis Las Vegas erstreckt. In SoHo wurde nun ein dazugehöriger saisonaler Biergarten eröffnet: Auf einer gemütlichen Terrasse im Freien werden amerikanisches BBQ und Bier serviert – vom Industrie-Dosenbier bis zu dänischen Besonderheiten aus der Flasche. Nicht unbedingt deutsch, aber trendig à la New York.

Andaz Wall Street Biergarten
Der Luxuriöse: Das gehobene Andaz Wall Street Hotel im Financial District bietet Würstchen, Brezeln und Bier an. Kaum zu glauben, aber schick und gemütlich gehen tatsächlich zusammen. Schön crazy: die Hunde-Happy-Hour, von Dienstag bis Samstag von 17 bis 20 Uhr. Durstige Kunden, die ihre Hunde mitbringen, bekommen zwei Biere für den Preis von einem. Wau.

Studio Square
Der Riesige: Long Island City mangelt es nicht an Platz. Der 30 000 Quadratmeter große Biergarten mit Kopfsteinpflaster und Picknick-Tischen macht das ziemlich klar. Eine riesige Videowand für die Sport- und Fußballfans und ein ausgeklügeltes Bierhahnsystem, das mehr als zwanzig Biere gleichzeitig vom Fass pumpt, sind sozusagen Top-Biergarten-State-of-the-Art. Das Menü ist umfangreich: Deutsche Bratwurst mit Sauerkraut, Rippchen, der La Frieda Burger oder Snacks wie gegrillte Hähnchenflügel machen die zahlreichen Besucher glücklich.

The Standard Biergarten

Der Quirlige: Unter dem schattigen Vordach des High Line Parks bietet der Biergarten deutsche Klassiker mit elegantem Flair im ebenso stilvollen Meatpacking District an. An großen Bierbänken genießen Gruppen Brezeln, Wurst und andere herzhafte deutsche Gerichte, gekonnt zubereitet von Küchenchef Kurt Gutenbrunner. Das Bier schäumt, es wird Tischtennis gespielt – der intellektuelle Bruder des Tischfußballs. Immer ein bisschen zu eng, immer ein bisschen zu laut – macht nichts! Es ist ein Biergarten, und Biergärten sind schön! Man kann sogar hingehen, wenn die Sonne nicht scheint: Der Winter(bier)garten ist komplett verglast.

Bohemian Hall & Beer Garden

Der Traditionsreiche: Seit über hundert Jahren zieht es die New Yorker in den Böhmischen Saal im Astoria Hotel. Sie freuen sich auf erschwingliches Bier vom Fass und böhmisches Essen. Der weitläufige, sonnige Garten ist voller Bierbänke und schattiger Sonnenschirme. Es gibt 15 verschiedene Biersorten vom Fass, darunter zahlreiche deutsche, belgische und tschechische Spezialitäten und natürlich amerikanische Biere. Die gemischte Grillplatte bietet die nötige Grundlage fürs Bier mit Bratwurst, Rippchen, Kielbasa, Sauerkraut, Essiggurken und Pommes.

Radegast Hall & Biergarten

Der Hippe: Es weht ein Hauch von München durch Williamsburg in dieser authentischen deutschen Bierhalle mit coolem Industrietouch. Die Radegast Hall ist für ihre Brezeln und den guten Senf bekannt. Die genießt man an langen Tischen und mit Gerstensaft aus Krügen, die so groß sind, dass man sie mit beiden Händen halten muss. Auf der Karte stehen ein Dutzend deutsche und belgische Biere. Fast jeden Abend gibt es Live-Musik.

Der schwarze Kölner

Der Liebste: kein echter Biergarten, aber meine Lieblingskneipe in Brooklyn. Mit viel Kölner Lokalkolorit und schon mal Grönemeyer im CD-Player. Draußen sitzen kann man auch.

One World Trade Center
Mit 541 Metern das höchste Gebäude
New Yorks. Es steht am Ground Zero,
dem Ort, an dem am 11. September
2001 die Zwillingstürme des World
Trade Centers bei einem Terroran-
schlag zerstört wurden. Der Architekt
David Childs entwarf den Wolken-
kratzer nach einer Idee von Daniel
Liebeskind. 2013 war Richtfest.

Milliardäre und Tellerwäscher

In New York kommen so viele unterschiedliche Menschen zusammen wie in kaum einer anderen Metropole: Die Stadt schafft viele Verbindungen zwischen unterschiedlichen Kulturen und Lebensentwürfen. Sie saugt die verschiedensten Leute auf und ist der kulturelle und wirtschaftliche Mittelpunkt der USA. Im Zentrum Manhattans herrscht eine der größten Milliardärsdichten der Welt. »Vom Tellerwäscher zum Millionär« ist die bekannte Floskel, die die Aufstiegsmöglichkeiten in den Vereinigten Staaten beschreibt. Leider ist ein solcher rasanter Aufstieg nur für sehr wenige möglich: Die alleinerziehende Mutter aus Jamaika, die drei Jobs unter einen Hut bringen muss und trotzdem auf Essensmarken angewiesen ist, kann darüber nur müde lächeln – wenn sie dafür nach ihren drei Schichten noch die nötige Energie aufbringen kann.

Keine Hierarchien?

Durch die europäische Geschichte, durch Aristo-kratie, Monarchie und Feudalherrschaft geprägt, kommt uns Amerika auf den ersten Blick oft gar nicht hierarchisch vor. Wir denken an den »Casual Friday«, den lockeren Freitag, an dem jeder Ange-stellte in Schlabberpulli und Jeans ins Büro gehen kann. Auch ein New Yorker trägt Turnschuhe zum Anzug und das Yankee-Basecap zum Klassikkonzert, es gibt kein »Sie«, sondern nur das »Du« und den Vornamen, – die Amerikaner gelten als locker und entspannt. Klassenunterschiede? Fehlanzeige. Und doch spürt man in New York nach einer Weile die unsichtbaren Grenzen, die durch Bildung, (berufli-chen) Status und Einkommen gezogen werden.

Old Money versus neureich

»Old Money«, altes Geld, bedeutet nichts anderes als viel, viel Geld, das von Generation zu Genera-tion weitervererbt wird: New Yorker Geldadel eben. »Old Money« wohnt vor allem an der südlichen Park Avenue und an der Upper East Side. Ein Abend-spaziergang lohnt sich, wenn man im Dunkeln in die hell erleuchteten Wohnungen mit ihrem illust-ren Mobiliar spähen kann. Auf der Straße trägt die Dame Pelz und Goldschmuck. Auch die tellergroße

Sonnenbrille darf nicht fehlen. Auf dem Poloshirt mit hochgestelltem Kragen badet ein kleines Krokodil.

»Old Money« bedeutet auch Klasse und Dünkel. Nicht Adel, sondern Erbe verpflichtet. Man kennt sich und hat den Verhaltens- und Kleiderkodex verinnerlicht. Geschmackvoll, klassisch, teuer, elitär. Das ist ein eingeschworener Zirkel, nichts für Neureiche oder Außenstehende. Man schaut darauf (und kontrolliert gar), wer dazustoßen darf und wer nicht. Die millionenteuren Apartments mit Blick über den Central Park werden nicht an jeden dahergelaufenen Millionär verkauft! Reichtum allein genügt nicht. Wenn es eine Aristokratie des Geldes gibt, dann hier, auch ohne Adelstitel.

Die Fifth Avenue – von reich nach arm

Die Mietpreise der Fifth Avenue gelten als die höchsten der Welt. Der Spitzname der Straße ist nicht umsonst »Millionaire's Row«. Eine durchschnittliche Ladenmiete beträgt 30 000 Euro pro Quadratmeter im Jahr. Nur wenige Kilometer nördlich beginnt Harlem, dann kommt die Bronx. Hier wohnen viele Menschen, die keinen Job oder gleich mehrere haben, damit aber trotzdem ihre Familien kaum ernähren können. Auch sie leben auf der Fifth Avenue, allerdings in einer vollkommen anderen Welt. Arm und reich leben nebeneinander, aber Berührungspunkte haben sie kaum.

In den Häusern der Reichen gibt es fast immer einen Concierge, der alles für seine Hausbewohner tut: Er geht mit dem Hund Gassi, holt Hemden aus der Reinigung ab, vereinbart Friseurtermine, bekommt Lob und Trinkgeld.

Aber abends fährt er wieder dorthin, wo er herkommt: nach Queens, Brooklyn oder in die Bronx. Die U-Bahn ist dann überfüllt mit müden Menschen, die mit geschlossenen Augen und gebücktem Körper zurück nach Hause fahren.

Der Kontrast von herrschaftlich, glamourös zu bettelarm – auch das ist New York.

Freiheitlich und freiwillig

Amerikanische Bürger können sich auf kein staatliches soziales Netz verlassen, das sie in Notlagen auffängt. Stattdessen gibt es private Benefizorganisationen, die diese Rolle teilweise übernehmen und damit im Umkehrschluss die starke amerikanische Eigeninitiative festigen. Sich ehrenamtlich zu engagieren ist in Amerika sehr verbreitet.

New Yorker haben gelernt, neue Wege zu gehen. Sie beherrschen die Fähigkeit, mit großen Hoffnungen bei null anzufangen. Pragmatismus und Optimismus haben hier ihre Wurzeln, sie prägen die

Mentalität. Doch warum ist diese Hingabe an 60-, 70-Stunden-Wochen etwas so Amerikanisches?

New York verkörpert den Anspruch, dass hier die Besten der Besten leben. Wer in New York angekommen ist, hat etwas erreicht. »If I can make it there, I'll make it anywhere«, sang Frank Sinatra in »New York, New York«. Das zeigt sich im sozialen Miteinander: Der Ausspruch »I am busy« wirkt wie ein Statussymbol.

John F. Kennedy sagte einmal: »Einen Vorsprung im Leben hat, wer da anpackt, wo die anderen erst einmal reden.« New Yorker machen beides: Reden, gerne laut und überzeugt, und arbeiten bis zum Umfallen. New Yorker sind ambitioniert, selbst in der Freizeit. Da wird kein Häkelkurs an der Volkshochschule besucht, sondern gleich eine Modelinie entworfen. Und dass jeder heimlich an seinem eigenen New-York-Roman schreibt, ist im Big Apple schon ein Running Gag.

Karriere in New York

Der wichtigste Wirtschaftsfaktor New Yorks ist das Dienstleistungsgewerbe: Banken, Börsen, Einzelhandel, Verlage, Werbung und Tourismus. Rund vierzig Millionen Touristen kommen jährlich in die Stadt. Industrie hat noch nie eine bedeutende Rolle in New

York gespielt, die Ausnahmen finden sich im Mode-business und dem Baugewerbe. Als internationaler Börsenplatz ist New York weltweit führend. Nahezu 200 ausländische Banken haben hier Filialen, und rund ein Fünftel der Zentralen des amerikanischen Großhandels liegen in New York.

Die 30 am höchsten vergüteten Tätigkeiten in New York City nach Jahresdurchschnittsgehalt (Stand 2013)

1. Anästhesisten $ 221 650
2. MKG-Chirurgen $ 220 060
3. Kieferorthopäden $ 219 770
4. Vorstandsvorsitzende $ 217 680
5. Chirurgen $ 211 250
6. Frauenärzte $ 200 220
7. Hausärzte $ 171 090
8. Finanzmanager $ 170 140
9. Internisten $ 169 640
10. Kinderärzte $ 169 170
11. Psychiater $ 168 630
12. Verkaufsleiter $ 166 770
13. weitere Ärzte $ 165 870
14. Marketingmanager $ 165 550
15. Projektleiter Naturwissenschaften $ 163 680
16. Piloten, Copiloten und Flugingenieure $ 162 770
17. Krankenschwestern in der Anästhesie $ 158 570

18. Projektleiter $ 156 820
19. Rechtsanwälte $ 156 190
20. Computer- und Systemmanager $ 154 950
21. Zahnärzte $ 147 820
22. Manager in Öffentlichkeitsarbeit und Fundraising $ 144 360
23. Manager in Werbung und PR $ 143 650
24. Bestattungsunternehmer $ 143 010
25. Alle anderen ärztlichen Spezialisten $ 142 490
26. Anlageberater für Wertpapiere und finanzielle Dienstleistungen $ 142 470
27. Juradozenten $ 141 830
28. Architekten und Ingenieure $ 141 810
29. Manager im Bereich Vergütung $ 138 880
30. Manager im Vertrieb $ 137 440

Merkwürdige Jobs im Big Apple

Viele New Yorker haben nicht gerade konventionelle Jobs: Die Bewohner der Metropole finden immer neue kreative Wege, um ihr Geld für die Miete zu verdienen, ob als halbnackter, singender Cowboy am Times Square oder als professioneller Kartoffelschälerverkäufer im Union Square. 2015 verstarb der als »Peeler Guy« bekannte Joe Ades. Ein weißhaariger Mann mit britischem Akzent, der teure europäische Anzüge und Hemden trug – der Mann, der so viele Kartoffelschäler für fünf Dollar auf der Straße verkaufte, dass er sich eine Wohnung an der Upper East Side leisten konnte, wo er auch gerne in teuren Restaurants aß. Seine Tochter erzählte der »New York Times«, dass er die Tricks des Verkaufens als Teenager in Manchester, England, gelernt hatte. Es half, dass er eine Stimme wie ein Radiosprecher hatte. Unermüdlich stand er am Times Square und pries seine Küchenhelferlein an.

Einige der seltsamsten Jobs in New York werden von der Stadtverwaltung angeboten:

- Beim »Parks Department« werden Samensammler benötigt, die mit der Erfassung und Archivierung von Saatgut einheimischer Pflanzen beschäftigt sind.
- 2015 gab es bei der Stadt New York eine offene Stelle für die Position eines Puppenspielers.
- Der Beruf des Graffiti-Künstlers ist umstritten. Wer aber Graffiti gerne entfernen möchte, wird bei den Stellenausschreibungen häufig fündig.
- Die Polizeidienststelle beschäftigt einen Imker. Denn mit Honig fängt man bekanntlich Banditen. Oder waren es Bären?
- Das Department of Records (also das Amt für Statistiken) beschäftigt einen Kader von Papierrestauratoren, damit auch kein Blättchen im Archiv zerkrümelt.

Die coolsten New Yorker Start-ups

Alfred: Ein Unternehmen, dessen Mitarbeiter die Einkäufe für gestresste Berufstätige erledigen, ihre Wäsche waschen, Päckchen zur Post bringen … Und das für 99 Dollar im Monat. Gegründet 2013, hat Alfred mit dieser klugen Geschäftsidee in einer Stadt, in der besonders gern und viel gearbeitet wird, bereits über zwölf Millionen Dollar erwirtschaftet.

Hungryroot: Eine Art »Essen auf Rädern« für Ernährungsbewusste. Dieses 2012 in Queens gegründete Start-up liefert Gerichte, die zu siebzig bis achtzig Prozent aus Gemüse und zwanzig bis dreißig Prozent aus Proteinen bestehen. Grundlage sind Gemüsenudeln, die unter anderem aus Süßkartoffeln, Radieschen und Zucchini hergestellt werden und mit einer wechselnden Sauce serviert werden; die proteinhaltige Beilage ist optional. Bereits im ersten Monat seines Bestehens hat Hungryroot 10 000 Mahlzeiten ausgeliefert.

Vive: Vive bietet den Service für die ultimative Gestyltheit: Für neunzig Dollar im Monat können die Mitglieder sich so oft professionell die Haare waschen und fönen lassen, wie sie möchten. Geschnitten wird nicht, das Angebot bezieht sich nur auf »Professional Blowouts«.

Way Up (ehemals Campus Job): Marktplatz für Studenten, die Praktika und Jobs suchen. Neunzig Prozent der angebotenen Stellen sind bezahlt. Die Arbeitgeber zahlen für die Anzeigen. Pro Woche kommen 10 000 Studenten hinzu. Bis jetzt wurden bereits über zehn Millionen Dollar investiert.

Common: Bietet flexibles, gemeinschaftliches Wohnen in großen Städten, ohne die üblichen Bewerbungsmethoden anzuwenden, wie die Steuerbescheide der letzten zwei Jahre vorzulegen und das Einkommen nachzuweisen. Die ersten Bewohner sollen in ein Gebäude mit 19 Wohneinheiten einziehen und für ihre Zimmer auf monatlicher Basis zahlen. Das Unternehmen kümmert sich um alles, von Reinigung bis zu Veranstaltungen – die Bewohner sollen sich wohlfühlen und gleichzeitig in ihre Nachbarschaft integriert werden.

A Plus: A Plus ist eine Onlineplattform für Nachrichten und Videos über soziale Themen, die zu positiven gesellschaftlichen Veränderungen inspirieren will, indem sie sich dem »Positive Journalism« verschrieben hat. Statt reißerischer Artikel findet man hier Texte über mutmachende gesellschaftliche Entwicklungen und soziale Leistungen Einzelner. Ashton Kutcher gehört neben anderen Prominenten zu den Investoren.

Little Things: eine Website, die süße, rührende und fröhliche Geschichten und Videos postet, süße Kätzchen, die Welpen aufziehen, Polizisten, die Küken retten … Mit riesigem Erfolg: Die Website kann sich über 35 bis 45 Millionen Besucher monatlich freuen.

Tourismus

Es gibt circa 2 600 deutschsprachige New-York-Reiseführer auf dem Buchmarkt. Aber bisher niemanden, der 2 600-mal nach New York gereist ist und jedes Mal einen anderen Reiseführer dabeihatte. Zwischen 2000 und 2013 erhöhte sich die Zahl der New-York-Touristen um 18,1 Millionen. 2013 waren mit 54,3 Millionen mehr als sechsmal so viele Besucher in New York City wie die Stadt Einwohner hat.

**New-York-Besucher gesamt
(aus dem Ausland und den USA)**

2000: 36,2 Millionen
2001: 35,2 Millionen
2002: 35,3 Millionen
2003: 37,8 Millionen
2004: 39,9 Millionen
2005: 42,7 Millionen

2006: 43,8 Millionen

2007: 46,0 Millionen

2008: 47,1 Millionen

2009: 45,8 Millionen

2010: 48,8 Millionen

2011: 50,9 Millionen

2012: 52,7 Millionen

2013: 54,3 Millionen

Die Besucherzahlen haben stetig zugenommen. Nur 2001 gab es einen Rückgang einer ganzen Million Touristen, insbesondere aus dem Ausland. Ein möglicher Grund war der Terroranschlag auf das World Trade Center.

New-York-Besucher aus den USA

2000: 29,4 Millionen

2001: 29,5 Millionen

2002: 30,2 Millionen

2003: 33,0 Millionen

2004: 33,8 Millionen

2005: 35,8 Millionen

2006: 36,5 Millionen

2007: 37,1 Millionen

2008: 37,6 Millionen

2009: 37,0 Millionen

2010: 39,1 Millionen

2011: 40,3 Millionen
2012: 41,8 Millionen
2013: 42,9 Millionen

New-York-Besucher aus dem Ausland

2000: 6,8 Millionen
2001: 5,7 Millionen
2002: 5,1 Millionen
2003: 4,8 Millionen
2004: 6,2 Millionen
2005: 6,8 Millionen
2006: 7,3 Millionen
2007: 8,8 Millionen
2008: 9,5 Millionen
2009: 8,8 Millionen
2010: 9,7 Millionen
2011: 10,6 Millionen
2012: 10,9 Millionen
2013: 11,4 Millionen

Ausgaben der internationalen und heimischen Besucher

Innerhalb von zehn Jahren haben sich die Ausgaben der New-York-Besucher verdoppelt: Für die zusätzliche Summe bekäme man zum Beispiel 338 000 I ♥ NY-T-Shirts.

2003: $ 18,5 Milliarden
2004: $ 21,3 Milliarden
2005: $ 24,3 Milliarden
2006: $ 26,2 Milliarden
2007: $ 30,0 Milliarden
2008: $ 32,0 Milliarden
2009: $ 28,2 Milliarden
2010: $ 31,5 Milliarden
2011: $ 34,5 Milliarden
2012: $ 36,9 Milliarden
2013: $ 38,8 Milliarden

Durchschnittlicher Hotelzimmerpreis

2003: $ 193
2004: $ 209
2005: $ 241
2006: $ 267
2007: $ 303
2008: $ 307
2009: $ 237
2010: $ 261
2011: $ 273
2012: $ 281
2013: $ 290   (Quelle: PKF Consulting)

Queens statt Times Square

Früher bestand für Touristen New York nur aus dem südlichen und mittleren Manhattan. Brooklyn interessierte nicht, Harlem war zu gefährlich, und die Bronx?! Wohl verrückt geworden. Mittlerweile ist Brooklyn hip wie nie, Harlem durchgentrifiziert, na okay, die Bronx ist ein bisschen weit weg, aber der Bronx Zoo war eigentlich immer schon beliebt. Nur Queens: Hierher hat sich nie ein Tourist verirrt, dabei ist es ein freundlicher und spannender Bezirk, wo die Multikulti-Spanne von Rumänien über Griechenland, Italien, Mexiko, China, Indien, Japan bis Korea reicht.

Auch heute schauen sich viele Besucher nur Manhattan an, wenn sie in New York sind, da hier über neunzig Prozent der bekanntesten Sehenswürdigkeiten liegen. Im Jahr 2015 traf der berühmte Reiseführerverlag »Lonely Planet« jedoch eine einschneidende Entscheidung, über die die »New York Times« fasziniert berichtete: Er machte den New Yorker Stadtteil Queens zum Reiseziel Nummer Eins in den Vereinigten Staaten. Auf einmal wollten alle wissen, was an dieser Einschätzung dran ist. Die Leute und Touristen strömten plötzlich nach Queens, besuchten neueröffnete Kleinbrauereien, gingen paddeln, sahen Ausstellungen im PS 1, der kleinen Schwester des Museum of Modern Art, dem Sculpture Center, dem Queens Museum oder dem Nguchi Museum. Der Geheimtipp Queens wurde sozusagen über Nacht berühmt. Und der Besucherstrom riss nicht ab.

Die Bronx und Staten Island hatten prozentual noch mehr Zulauf, allerdings fallen sie zahlenmäßig weit ab von ihren Nachbarbezirken. In Queens findet gerade ein Hotelbauboom statt, derzeit befinden sich weitere 47 Hotels in Planung oder Bau: 2014 haben fünf neue Hotels in Queens eröffnet, nur ein neues in Brooklyn, in Manhattan 17. Und das ist nicht viel, wenn man bedenkt, dass es in Manhattan aktuell schon knapp 800 Hotels gibt.

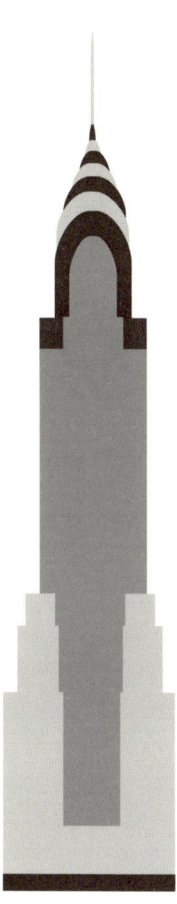

Chrysler Building
1930 erbaut, 319 Meter hoch. Der
Architekt: William van Alen. Dessen
Rechnung wurde von Herrn Chrysler
leider nie bezahlt.

■ Wetter ■

Die Sommer in New York sind extrem heiß, die Winter sehr kalt. Die über Kanada einströmenden Luftmassen bringen die Kälte aus der Arktis mit sich. Durch die relative Nähe zum Golfstrom werden die Temperaturen jedoch wieder etwas abgemildert. Dadurch erreicht die Sommerhitze allerdings auch subtropische Werte: 35 Grad im Sommer sind in New York keine Seltenheit. Das Draußensitzen, zum Beispiel beim Restaurantbesuch, wie wir es aus Deutschland und Europa kennen, wird hier nur sehr argwöhnisch betrieben. Der New Yorker fühlt sich in der Nähe einer Klimaanlage einfach am sichersten. Nach vier New Yorker Sommern mit diversen Hitzewellen im 40 °C-Bereich, verstehe ich das nur zu gut.

Die Durchschnittstemperatur liegt im Sommer bei 29 °C. In den Wintermonaten bleibt das Thermometer meist bei 0 °C. Jedoch gibt es auch bitterkalte Tage mit Temperaturen unter −10 °C.

Wetterwechsel erfolgen sehr schnell und fallen oft heftig aus. Als Europäer muss man sich erst einmal daran gewöhnen: Gerade noch hat man die dunkle Wolke in der Ferne am Horizont gesehen, Minuten später prasseln schon katzenkopfgroße Hagelkörner auf einen ein – oder auch mal die Menge eines randvollen Wassereimers pro Sekunde.

New York kann sich von Juni bis August langer, heller Tage erfreuen. Die meisten Sonnenstrahlen bekommt man im Juli ab. Die Tage in den Wintermonaten sind wesentlich kürzer, aber viele sind klar und hell – der New Yorker Himmel ist dann wunderschön.

In den Monaten März und August regnet es am meisten. Im Frühjahr sollte man stets mit einem Regenschirm ausgehen, während es im Winter ohne Vorankündigung heftig schneien kann. Dann ist das Verkehrschaos vorprogrammiert.

New Yorker Wetterspezialität: der Blizzard

Sogenannte *blizzards* (Schneestürme) sind in New York im Winter häufig: Es fängt so abrupt und heftig an zu schneien, dass innerhalb kürzester Zeit Straßen, Autos und Hauseingänge eingeschneit sind. Die Folgen: Man findet sein Auto nicht mehr, und wenn doch, muss man es mühevoll aus einem Schneeberg ausgraben. Allerdings kann man auf den zugeschneiten Fahrbahnen sowieso nicht fahren. Fährt doch

einmal ein Schneeräumfahrzeug vorbei, kommt man trotzdem nicht vom Fleck, weil das parkende Auto mit einer Extraschicht Schnee vom Pflug eingemauert wird. Manche machen aus der Not eine Tugend und gehen auf Manhattans Straßen Langlaufen.

Beste Reisezeit

April, Mai, Juni, September, Oktober, Dezember. Wer Glück hat, erlebt selbst im November einen sehr späten Spätsommer mit 25 °C. Ob Blütenpracht im Frühjahr oder bunter Herbst – in der Stadt gibt es nicht nur Wolkenkratzer, sondern auch einiges an Grün: Bäume und großartige Parks, die die Stadt zu diesen Jahreszeiten noch schöner machen. Eigentlich gibt es nur beste Reisezeiten für New York! Im August empfehle ich aber vor allem Museums- und Kinobesuche (Klimaanlage!).

Schlechteste Reisezeit

Gibt es gar nicht! Trotzdem: Im Juli und August kann es manchmal unangenehm werden. Jedes Jahr kommen auch in New York Menschen aufgrund von Hitzewellen ums Leben. 2013 starben laut Gesundheitsbehörde vier Senioren. Die Temperaturen waren in jenem Juli bis auf 42,7 °C gestiegen.

Das Durchschnittswetter

	Jan	Feb	Mär	Apr	Mai	Jun	Jul	Aug	Sep	Okt	Nov	Dez
Maximal-Temperatur	3°	5°	10°	16°	23°	27°	30°	29°	26°	18°	13°	5°
Minimal-Temperatur	–3°	–3°	1°	5°	12°	16°	19°	19°	16°	10°	4°	0°
Sonnen-Stunden	5h	6h	7h	8h	8h	10h	10h	11h	9h	7h	6h	6h
Wasser-Temperatur	3°	3°	3°	9°	13°	18°	22°	22°	22°	18°	12°	7°
Regentage	9	9	9	9	9	9	8	7	6	6	6	6

Gummistiefel

Wer keine Gummistiefel besitzt, ist in New York arm dran. Nicht nur als kleidsames Accessoire sind Gummistiefel für die

Dame ein modisches Muss im Big Apple, auch ihre Zweckhaftigkeit ist unbestritten. Bei Regen füllen sich nämlich Rinnsteine und Schlaglöcher bedenklich hoch mit Wasser.

Auch wird beim Überqueren der vielen Straßen bei Regen sehr deutlich, wo das Problem liegt bzw. schwimmt: Der starke Regen gepaart mit der Absenkung der Straße verursacht reißende Flüsse und tiefe Pfützen, denen ein normaler Schuh nicht mehr gewachsen ist. Die Tiefe einer durchschnittlichen Pfütze in Manhattan bei Regen beträgt sieben Zentimeter.

Schlaglöcher New Yorks

Zählen Sie doch mal zur Abwechslung die Schlaglöcher auf den Straßen New York Citys! Sie denken, das macht doch keiner? Doch. Unter »Report a pothole«, Melde ein Schlagloch (http://thedailypothole.tumblr.com), wird versucht, den schwarzen Löchern Herr zu werden. Bis zum November 2014 wurden auf New Yorker Straßen bereits 465 607 Schlaglöcher ausgebessert. Man mag sich gar nicht ausmalen, wie viele Schlaglöcher noch nicht entdeckt wurden und weiterhin als Stolperfallen und temporäre Tümpel bei Regenwetter ihr Unwesen treiben.

Regenschirme

In New York regnet es an 94 Tagen im Jahr. Ein typischer New Yorker Regenschirm am Kiosk kostet fünf Dollar und hält gefühlt drei bis sechs Regengüssen stand. Also bei schlechtem Wetter drei bis sechs Stunden.

Schneeschaufeln aus den üblichen 99-Cent-Geschäften halten genau einen Schneesturm durch. Dass erkennt man vor allem daran, dass in den noch frischen Schneehügeln die abgebrochenen Überreste stecken.

Klimaanlagen

Die typische weiße kastenförmige New Yorker Klimaanlage, wie sie tausendfach in den Fenstern klemmt, kostet durchschnittlich 300 bis 400 Dollar. Es gibt günstige Mini-Ausführungen für um die hundert Dollar. Bei den Temperaturen, die im Sommer herrschen, sind die kastengewordenen Umweltschweine zugegebenermaßen unerlässlich. Dafür sind sie sehr laut. Aber auch dieser Sound macht einen wichtigen Bestandteil der beschwingenden New-York-Melodie aus, die einen stets durch die Straßen begleitet.

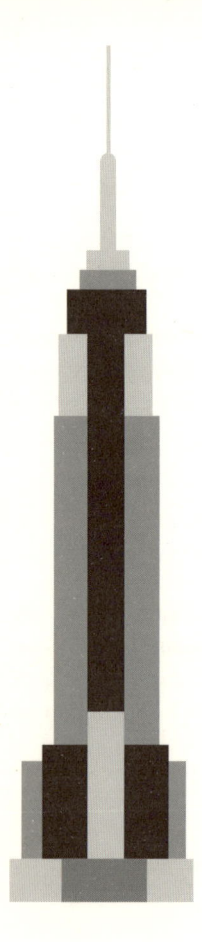

Empire State Building
Das Empire State Building wurde
1931 eröffnet und verfügt über
103 Stockwerke. Jedes Jahr im
März findet hier ein städtisches
»Camp-Out« für Pfadfinder statt.

■ Last, but not least ■

Angeberwissen

Das erste amerikanische Schachturnier fand 1843 in New York statt.

Das Fashion Institute of Technology in Manhattan ist die einzige Schule der Welt, die einen Bachelor of Science mit dem Schwerpunkt Kosmetik- und Duft-Marketing anbietet.

In New York City wurde das Klopapier erfunden, und zwar 1857 von Joseph C. Gayetty.

Die U-Bahn-Strecken in New York City sind insgesamt 1 162 Kilometer lang. Das ist fast so weit wie die Entfernung zwischen Berlin und Rom (1 183,77 Kilometer Luftlinie).

Die erste Präsentation eines 3D-Films vor einem zahlenden Publikum fand im Astor Theater am 10. Juni 1915 in Manhattan statt.

1895 eröffnete Gennaro Lombardi in New York City die erste Pizzeria der USA.

Rekorde aus New York

Für New York wird gern der Stempel »Stadt der Superlative« bemüht. Wo Superlativen zu finden sind, sind auch Rekorde nicht weit: Auktionshäuser wie Christie's and Sotheby's erzielen Höchstpreise durch den Verkauf berühmter Gemälde (je verstorbener der Künstler, desto höher der Preis), der Broadway ist die längste Einkaufsstraße New Yorks und den USA, die New Yorker Thanksgiving-Parade mit ihren skurrilen Aufblasfiguren ist die größte der Welt, und das höchste Hotel der Welt ist das 2014 eröffnete Marriott International: 68 Etagen, 378 Zimmer, 261 Suiten, 230 Meter hoch.

Der Rekordhalter im Rekordhalten

Der New Yorker an sich gehört einer ehrgeizigen Spezies an. Es reicht ihm nicht, einen Rekord zu brechen, denn einer ist nicht genug. Der New Yorker Ashrita Furman hat es gleich hundertmal ins Guinness-Buch der Rekorde geschafft. 54 Jahre ist er alt, sein erster Eintrag in das Guinness-Buch der Rekorde ist dreißig Jahre her. Der Geschäftsmann ist der Erste, der hundert Rekorde gleichzeitig verteidigt.

Seinen jüngsten Rekord stellte er 2015 auf, eigentlich waren es sogar zwei: Das Vorlesen eines Gedichts in 111 Sprachen. Das Gedicht »Precious« wurde verlesen, und zwar von New Yorker Freunden in ihren jeweiligen Muttersprachen. Dazu gehörten Deutsch und Schwyzerdütsch, aber auch Rätoromanisch sowie das Südtiroler Ladinisch. Der Text stammt vom indischen Lyriker, Maler, Guru und Komponisten Sri Chinmoy. Und wie kann es anders sein? Chinmoy hat bis zu seinem Tod 2007 selbst mehrere Rekorde als Sportler aufgestellt: Er zog Motorboote, Flugzeuge und stemmte mehrfach sogar hochrangige Diplomaten.

Größter Lolli

Auch hier war Ashrita Furman am Werk: Es handelt sich um seinen 237. Weltrekord. In Queens stellte er den Super-Lolli her: 3041 Kilo wiegt der, eine Tonne mehr als der bisherige Rekordlutscher, und ist sieben Meter fünfzig hoch. Aufgestellt werden kann er nur mit einem Kran. Mit fünfzig Helfern hat Furman experimentiert. Er brauchte nicht nur  einen Kochtopf, der 400 Liter fasst, sondern hatte auch noch ganz andere Problemchen: Ein Exemplar ist ihm im Garten weggeschmolzen, ein anderes wurde von Bienen und Wespen angenagt. Auch diesen Rekord hat Furman seinem Mentor Sri Chinmoy gewidmet.

Rekorde bei Versteigerungen

Nachrichten wie »Weltrekordsumme bei Versteigerung in New York erzielt« hat jeder schon mal gelesen. 2015 erzielte das Bild »Les femmes d'Alger« von Picasso nach dreißig Geboten die Rekordsumme von 180 Millionen Dollar. Weltrekord! Es ist das bislang teuerste je bei einer Auktion versteigerte Bild. Schön für den Finnen Jussi Pylkkanen. Er ist Chef beim berühmten Auktionshaus Christie's. Die Startsumme lag bei 100 Millionen Dollar. Wer das berühmte Bild gekauft hat, wird allerdings geheimgehalten.

Ein Rekord für die teuerste Skulptur wurde auch an diesem Tag aufgestellt. Alberto Giacomettis »Zeigender Mann« erzielte inklusive Kaufprämie rund 141,3 Millionen Dollar – und damit rund 35 Millionen Dollar mehr als die bislang teuerste Plastik, Giacomettis »Schreitender Mann«.

2013 stellte das Triptychon »Three Studies of Lucian Freud« von Francis Bacon einen Rekord für das bis dahin teuerste Bild auf: 142 Millionen Dollar, ebenfalls bei Christie's. Das Werk löst das bis dahin teuerste Gemälde, Edvard Munchs »Der Schrei«, ab. 2012 erzielte es 120 Millionen Dollar. Munch hatte zuvor übrigens einen Picasso abgehängt: Das Bild »Nu au plateau de sculpteur« erzielte zwei Jahre zuvor »nur« 95 Millionen. Malen müsste man können – oder malende Vorfahren haben.

Liebe New York und sprich darüber –
Berühmte Zitate

Ich liebe New York. Ich liebe den Lärm. Ich kann ohne Lärm nicht schlafen. Ich kann ohne Lichter nicht schlafen. Ich kann ohne New York nicht schlafen. Ich würde New York nie verlassen. Niemals. Niemals, niemals, niemals, niemals, niemals, niemals, niemals.

Miles Davis

Die Stadt, die man von der Queensboro Bridge aus sieht, wird immer die Stadt sein, die man zum allerersten Mal sieht; mit ihrer ersten wilden Verheißung aller Geheimnisse und Schönheit dieser Welt.

F. Scott Fitzgerald

New York ist der Treffpunkt der Völker, die einzige Stadt, in der man kaum einen typischen Amerikaner trifft.

Djuna Barnes

Ich liebe New York. Ich lebe in New York, weil es die lauteste Stadt der Welt ist. Es ist so laut, dass ich nicht auf den Scheiß in meinem Kopf hören muss. Hier gibt es Leute, die mit Presslufthämmern kommen und die Straßen aufbohren und Löcher vor deiner Wohnung machen, niemand weiß, warum. Müllmänner kommen, aber sie sammeln nicht den Müll ein, sie hauen einfach nur die Mülltonnen gegeneinander.

Lewis Black

New York war eine Stadt, wo du inmitten einer belebten Straße erfrieren konntest, ohne dass es jemand mitkriegt.

Bob Dylan

Ich bedaure außerordentlich, dass ich kein Amerikaner bin und nicht im Greenwich Village geboren wurde. Es geht zwar den Bach runter, und die Luft dort ist dreckig, aber es ist der Ort, wo alles passiert.

John Lennon

Städte haben auch Geschlechter. London ist ein Mann, Paris eine Frau und New York eine Transsexuelle.

Angela Carter

Wer in New York geboren ist, kommt schlecht mit anderen Städten zurecht: Alle anderen Städte wirken wie ein Fehler, im schlimmsten Fall wie ein Betrug.

James Baldwin

Hundertmal habe ich gedacht, New York ist eine Katastrophe, und fünfzigmal: Es ist eine schöne Katastrophe.

Le Corbusier

Oft wird gesagt, dass New York nur eine Stadt für die ganz Reichen und ganz Armen ist. Weniger oft wird gesagt, dass New York, zumindest für die, die woanders herkamen, auch eine Stadt für die sehr Jungen ist.

Joan Didion

Irgendetwas in der New Yorker Luft macht Schlaf überflüssig.

Simone de Beauvoir

In New York braucht man alles Glück, das es gibt.

Charles Bukowski

Ich fahre nach Paris, ich fahre nach London, ich fahre nach Rom und sage immer: Kein Ort ist wie New York. Es ist die aufregendste Stadt der Welt. So ist es einfach. Punkt.

Robert De Niro

Am besten in New York gefallen mir die Menschen,
denn ich glaube, dass sie missverstanden werden. Ich
denke nicht, dass die Leute begreifen, wie nett New
Yorker sind.

Bill Murray

Praktisch jeder in New York hat das Zeug dazu, ein
Buch zu schreiben – und tut es auch.

Groucho Marx

Die meisten meiner New Yorker Freunde sind weib-
liche Singles oder schwule Männer.

Sarah Jessica Parker

Für mich ist New York gemütlich, nicht seltsam.

Karl Lagerfeld

Was soll ich in New York – ich war schon zweimal
in Hannover.

Arno Schmidt

»New York, New York!«

Frank Sinatra

Wie man ein echter New Yorker wird

Nachdem Sie jetzt viele wichtige Dinge über New York gelernt haben, wollen Sie sicher gleich hinziehen. Das ist nur nachvollziehbar. Hier die wichtigsten Voraussetzungen, um ein echter New Yorker zu werden:

- Sagen und tun Sie alles mit Nachdruck: Sie wissen, was Sie wollen / wie man's macht. Beispiel: Wenn ein New Yorker in einer Schlange wartet und Essen bestellt, macht er das direkt, laut und über den Kopf desjenigen hinweg, der vor ihm steht.
- Laufen Sie. Zum Beispiel zur U-Bahn. Oder zur nächsten Ecke, um sich dann ein Taxi heranzuwinken. Wozu Auto fahren? Die Straßen sind verstopft, und Parken kostet so viel wie anderswo eine Monatsmiete.
- Geben Sie beim Taxifahrer nicht die Hausnummer an, sondern die Straße und die nächstliegenden kreuzenden Straßen.
- Benutzen Sie den Gehweg wie einen Highway – ordnen Sie sich in die dahinströmende Masse ein und halten Sie sich rechts in Fahrt-, äh Laufrichtung. Wer pausieren will, schert aus, nimmt quasi die »Ausfahrt« und bleibt auf keinen Fall stehen! Verlässt man ein Gebäude, latscht man nicht ein-

fach auf den Gehweg, nein! Man wartet, bis sich eine Lücke auftut und reiht sich dann ein.

- Schauen Sie Fremden auf der Straße oder in der U-Bahn nicht in die Augen, das könnte als Provokation aufgefasst werden, und wer will schon gerne für einen kurzen Blick ein Messer im Bauch riskieren! Kleiner Scherz. Übermäßiges Lächeln hält sich beim echten New Yorker jedoch tatsächlich in Grenzen. Wir sind ja nicht in Kalifornien, da ist sowieso alles nur aufgesetzt. Außerdem: Wie viele Leute wollen Sie auf der Straße anlächeln? Hunderte? Tausende? Gibt ja so viele in der Stadt … Nein, zu anstrengend.

- Üben Sie sich in Ignoranz: Sehen Sie über den Typen hinweg, der Sie blöd anmacht, und den Irren, der mit brennenden Fackeln und Geschrei versucht, Ihre Aufmerksamkeit zu erregen. Da ist Madonna! Ach, egal.

- Ticken Sie dann allerdings im richtigen Moment aus: Manchmal hilft nur ein: »FUCK YOU!« »NO, fuck YOU!!!« Denn wenn Ignoranz nicht hilft, ist vornehme Zurückhaltung für den New Yorker nichts.

- Bezeichnen Sie New York nur als »The City«. Es sollte doch wohl allen klar sein, dass es nur eine wahre, ernstzunehmende Stadt gibt, von der Sie sprechen könnten. Niemals würde ein New Yorker vom Big Apple sprechen. Nie!

I ♥ NY

Quellen

Bücher

Gebrauchsanweisung für New York – Verena Lueken, 2005, Piper

Der perfekte Mädelsurlaub – New York, Juliane Pieper, 2015, Bruckmann

Humans of New York: Die besten Storys – Brandon Stanto, 2015, Riva

Chuzpe – Lily Brett, 2007, Suhrkamp

New York – Lily Brett, 2001, Suhrkamp

111 Orte in New York, die man gesehen haben muss – Jo-Anne Elikann, 2015, Emons

Zeitungen, Zeitschriften und Links

The New York Times

The New Yorker

The Daily News

The Huffington Post

The Washington Post

The Village Voice

The New York Post

The Observer

Timeout Magazine New York
Der Spiegel
Süddeutsche Zeitung
Die Zeit
Focus
Die Welt
Vice
Wikipedia
National Geographic
Deutschlandfunk
Deutsche Presse Agentur
Frankfurter Allgemeine Zeitung
die tageszeitung

Stadt

Statistiken rund um New York finden sich auf der offiziellen Seite der Stadt New York: www.nyc.gov/html/doh/html/data/data.shtml

Die Kolumne StatsBee, einsehbar unter nyedc.com, sammelt interessante Statistiken über New York. Diese werden von Ökonomen des Economic Research & Analysis Department des NYCEDC's Center for Economic Transformation zur Verfügung gestellt.

Informationen zum Verkehr:
DER SPIEGEL: »New Yorker U-Bahn ist marode und beliebt«, www.spiegel.de/wirtschaft/new-yorker-u-bahn-ist-marode-und-beliebt-a-998560.html

THE NEW YORK TIMES: »Subway Station for 7 Line Opens on Far West Side«, www.nytimes.com/2015/09/14/nyregion/no-7-subway-station-far-west-side-manhattan.html

DIE ZEIT: »Rigider Kampf für mehr Sicherheit im Verkehr«, www.zeit.de/mobilitaet/2014–06/verkehrstote-vision-zero

Gesellschaft

Die Infos zur tierischen Bevölkerung basieren auf: www.nycedc.com/blog-entry/new-york-city-s-pet-population

Die Hundenamenstatistik findet sich auf: http://project.wnyc.org/dogs-of-nyc

Die Zahlen zu den Haustieren stammen von Avma.org, the American Veterinary Medical Association (AVMA) und The U. S. Census.

Zu den unbeliebten Tieren findet man mehr hier:
DER SPIEGEL: »New York: Auf einen Menschen kommt eine Ratte? Wohl doch nicht«, www.spiegel.de/panorama/new-york-ratten-anzahl-niedriger-als-gedacht-a-1001855.html

SÜDDEUTSCHE ZEITUNG: »Kartierung der Schaben«, www.sueddeutsche.de/wissen/new-york-kartierung-der-schaben-1.1785562

Die Zahlen zu Kriminalität stammen aus:
THE NEW YORK TIMES: »Breaking a Record, 11 Days Pass in New York City With No Killings«, www.nytime s.com/2015/02/14/nyregion/one-for-the-record-book-11 days-pass-in-new-york-city-with-no-murders.html?emc =edit_ur_20150214&nl=nyregion&nlid=60139318&_r=0

Zum Thema Singles hat folgender Artikel in THE VIL- LAGE VOICE viel Aufsehen erregt: »Dear Single Wo- men of NYC – it's not them, it's you!«, www.villagevoice. com/2011 – 02 – 09/news / dear-single-women-of-nyc-it-s- not-them-it-s-you/

Weitere Quellen zum Singleleben:
DIE WELT: »Nach dem dritten Date muss man im Bett landen«, www.welt.de/vermischtes/article2950944/Nach- dem-dritten-Date-muss-man-im-Bett-landen.html

THE NEW YORK POST: »Single Adults now outnumber married Adults«, http://nypost.com/2014/09/09/single- adults-now-outnumber-married-adults/

THE HUFFINGTON POST: »18 Lessons from being Single in New York City«, www.huffingtonpost.com/jen- glantz/18-lessons-from-being-singlein-nyc_b_5030297. html

Mehr Ortsteilnamen für Kinder finden sich hier: http://nameberry.com/list/138/New-York-Neighborhood- Names

Über Nannys und Kinderbetreuung:
THE NEW YORK TIMES: »The best nanny money can buy«, www.nytimes.com/2012/03/25/magazine/the-best-nanny-money-can-buy.html

Untersuchung der Konrad-Adenauer-Stiftung zu Kita-Kosten: www.kas.de/wf/doc/kas_11182–1522–1–30.pdf?070620211823

DIE ZEIT: »New Yorks 24-Stunden-Kita«, www.zeit.de/karriere/beruf/2012–07/nachtbetreuung-kitas-usa

THE NEW YORK TIMES: »Public Urination in New York becomes Test Case for Policing«, www.nytimes.com/2015/07/16/nyregion/public-urination-in-new-york-becomes-test-case-for-policing.html?emc=edit_ur_2015 0716&nl=nyregion&nlid=60139318&_r=1&nl=nyregion&nlid=60139318&_r=0)

Mehr zum Drogenmissbrauch:
SÜDDEUTSCHE ZEITUNG: »Der Horror kehrt zurück«, www.sueddeutsche.de/panorama/new-york-der-horror-kehrt-zurueck1.1987820

DEUTSCHLANDFUNK: »Billiges Heroin – New York als Drogen-Supermarkt«, www.deutschlandfunk.de/billiges-heroin-new-york-als-drogen-supermarkt.799.de.html?dram:article_id=278859

Alles zur New Yorker Psyche:
THE OBSERVER: »The Neuroses of New York«, http://ob
server.com/2011/10/the-neuroses-of-new-york/

THE TELEGRAPH: »New Yorkers are neurotic and un-
friendly, says Cambridge University ›personality map‹«,
www.telegraph.co.uk/news/worldnews/northamerica/
usa/2779683/NewYorkers-are-neurotic-and-unfriendly-
says-CambridgeUniversity-personality-map.html

Kultur

Mehr zur Geschichte des Hip-Hop findet man hier:
www.planet-schule.de/wissenspool/usa-the-sound-of/
inhalt/sendungen/hip-hop-in-der-bronx.html

www.mrwiggles.biz/ghetto_slang.htm

Über den typischen New Yorker Humor findet man mehr
hier:
THE NEW YORK TIMES: »New York Today: Laugh Lines«,
www.nytimes.com/2015/09/15/nyregion/new-york-
today-laugh-lines.html?emc=edit_ur_20150915&nl=ny
region&nlid=60139318&_r=0

http://politicalhumor.about.com/od/Topical-Jokes/fl/
New-York-Jokes.htm

THE HUFFINGTON POST: »New York City Jokes By Comedians Compiled By Time Out New York«, www.huffingtonpost.com/2012/10/09/new-york-city-jokes-by-comedians-time-out-ny_n_1952151.html

Geschichte

Die Timeline haben freundlicherweise die Betreiber der großartigen Seite www.newyork.de zur Verfügung gestellt.

Politik

Alles zu Verboten:
www.laurencethio.de/portfolio-item/tierschutz-oder-tourismus-new-york-streitet-ueber-kutschen-verbot/

www.rauchernews.de/news/2010/03/12/nach-dem-tabak-geht-es-jetztdem-salz-an-den-kragen/

http://netzfrauen.org/2015/01/12/new-york-verbietet-styropor-behaelter-fuer-essen-und-trinken-new-york-city-bans-single-use-styrofoam-products/

www.theverge.com/2015/1/7/7512265/new-york-is-lifting-its-ban-on-cell-phones-in-schools

DER SPIEGEL: »New York hebt Handyverbot an Schulen auf«, www.spiegel.de/schulspiegel/new-york-hebt-handy-verbot-an-schulen-auf-a-1011885.html

THE WASHINGTON POST: »Mike Bloomberg – Public Health Autocrat«, www.washingtonpost.com/blogs/ezra-klein/post/mayor-mike-bloomberg-public-health-autocrat-a-brief-history/2012/06/04/gJQArSJbDV_blog.html

DER FOCUS: »Breitbeinig Bahn fahren – New York geht gegen Manspreading vor«, www.focus.de/panorama/welt/g-breitbeinig-bahnfahren-new-york-geht-gegen-manspreading-vor_id_4475412.html

www.politik-sind-wir.de/showthread.php/274-Tanzverbot-in-NY-derSpaß-ist-vorbei!

DER SPIEGEL: »New Yorker Nachtleben«, www.spiegel.de/einestages/new-yorker-nachtleben-a-949616.html

DIE WELT: »Gericht stoppt Verbot von XXL-Bechern in New York«, www.welt.de/gesundheit/article114363595/Gericht-stoppt-Verbot-von-XXL-Bechern-in-New-York.html

DIE ZEIT: »New Yorker Gericht kippt Verbot von 1-Liter-Bechern«, www.zeit.de/lebensart/essen-trinken/2013-03/new-york-softdrinkbecher-verbot-urteil

Wirtschaft

DIE TAZ: »New York privat – I am so busy!«, www.taz.de/!5084586

THE NEW YORK TIMES: »Joe Ades: Peeler Peddler«, www.nytimes.com/2009/12/27/magazine/27ades-t.html

Zahlen zum Tourismus gibt es hier:
THE NEW YORK TIMES: »Tourists have landed in Queens – they're staying«, www.nytimes.com/2015/08/26/nyregion/tourists-have-landed-in-queens-theyre-staying.html?em_pos=large&emc=edit_ur_20150826&nl=nyregion&nlid=60139318&ref=headline&_r=0

Kulinarisches

FRANKFURTER ALLGEMEINE ZEITUNG: »Bier und Bundesliga in New York«, www.faz.net/aktuell/stil/german-gemuetlichkeit-bier-und-bundesliga-in-new-york-12756184.html

Ulrike Grafberger
Holland für die Hosentasche
Fischer TaschenBibliothek

Band 52100

Warum wirft König Willem-Alexander mit Kloschüsseln?
Wieso springen die Holländer an Neujahr in die Nordsee und
gehen an Ostern Möbel kaufen?
Weshalb hängen in Holland Rucksäcke an den Fahnenstangen?
Und haben die Holländer wirklich alle Dodos aufgegessen?

Die Reisejournalistin Ulrike Grafberger verrät alles über das
Land, in dem sich Windmühlen drehen, Tulpen wachsen und
alle in Holzschuhen Käse essen: kuriose und manchmal auch
ganz ernstgemeinte Fakten, Infos und Anekdoten über die
Niederlande.

Das kleinste Buch über das Land unterm Meeresspiegel

Das gesamte Programm gibt es unter
www.fischerverlage.de